回话的技术

滴水不漏的临场说话术

吴学刚 编著

德宏民族出版社

图书在版编目（CIP）数据

回话的技术 ／ 吴学刚编著 . -- 芒市 ： 德宏民族出版社，2019.11

ISBN 978-7-5558-1297-5

Ⅰ . ①回… Ⅱ . ①吴… Ⅲ . ①语言艺术－通俗读物 Ⅳ . ① H019-49

中国版本图书馆 CIP 数据核字 (2019) 第 208173 号

书　　名：回话的技术	
作　　者：吴学刚　编著	
出版·发行 德宏民族出版社	责 任 编 辑　思铭章
社　　址 云南省德宏州芒市勇罕街 1 号	责 任 校 对　尹丽蓉
邮　　编 678400	封 面 设 计　U+Na 工作室
总编室电话 0692-2124877	发行部电话　0692-2112886
汉 文 编 室 0692-2111881	民 文 编 室　0692-2113131
电 子 邮 箱 dmpress＠163.com	网　　址　www.dmpress.cn
印　刷　厂 永清县晔盛亚胶印有限公司	
开　　本 145mm×210mm　1/32	版　　次 2019 年 11 月第 1 版
印　　张 7	印　　次 2019 年 11 月第 1 次
字　　数 150 千字	印　　数 10000 册
书　　号 ISBN978-7-5558-1297-5	定　　价 38.00 元

如出现印刷、装订错误，请与承印厂联系调换事宜。印刷厂联系电话：13683640646

前　　言

面对不想做的事情，如何回绝才能不伤和气？

面对刁难和指责，如何回应才最得体？

面对别人的问话，如何回答才能一语破的？

面对接踵而至的问话，如何回答才能掌控话语权？

……

回话是一门语言艺术，是沟通的关键组成部分。可以说，回话就是沟通，而沟通中少不了问话，甚至可以说，一问一答的形式贯穿了整个沟通的过程。

"好的提问是成功的一半"是我们耳熟能详的一句话，然而，当我们走入社会，却发现要不断回答上级、长辈等人的问题，不断被社会要求，人们实际面临更多的问题是需要作答。换句话说，当今社会不缺乏提出问题的人，而是缺乏能回答问题、解决问题的人。

无论是在生活中，还是在工作中，都是如此。提出问题只是开始，解决问题却需要很长时间。无论你是否愿意，回答都是人们通往成功的阶梯。每一次回答都是一次学习的机会，简单的回答能让你前进一小步，充满智慧的回答能让你前进一大步。正所谓聚沙成塔，当你经历了无数回答的磨炼之后，你会发现，成功已经近在眼前。

面试时，如果你比别人回答得更好，就会比别人更容易得到机会；工作中，如果你比别人回答得更富有创意，就比别人拥有更大的晋升空间；生活中，如果你比别人回答得更高或更深，就会比别人走得更远；商业领域也是如此，谁的回答能够令客户更加信服，谁就能在竞争中胜出。回答是一门语言的艺术，谁能掌握并熟练运用高效的回答思维和技巧，谁就掌握了成功的捷径。

其实，回答问题真的没有那么难，只是你的积累不够，没有掌握回答技巧而已。真理总是简单的，智慧也总是朴实的。这是一本帮助人们学会正确应答的工具书。以精练生动的语言，配合丰富典型的案例，全面剖析了回答问题时应该掌握的技巧和思维模式，结合生活、工作中的常见问题，给读者提供了有针对性的解决方案，趣味性和可读性都极强。通过本书，读者可能在短时间内学会各种回答技巧，极大地提升自己的回话能力，达到既要回答对、更要回答好、回答制胜的境地，从而游刃有余地应对种种重要、疑难、复杂的工作和生活问题，成为沟通的达人、交际的红人、事业的强者、生活的乐者。

目　录

第一章　学会倾听，才能有效回答

第二章　变换思维，巧妙回话解危机

第三章 大胆说不，别让不懂回绝害了你

第四章 用心交流，让回话更有感染力

第五章 急中生智，幽默回话改变局势

第六章 察言观色，读懂对方心思再回话

第七章 因人而异，不同场景的回话艺术

学会倾听，才能有效回答

专注于倾听别人的提问，会给自己赢得几秒钟的思考时间，便于我们回顾提问者提问的内容，分析总结出其关注的重点。只有专注地倾听，我们才有可能在大脑中删除那些无关紧要的信息，将注意力集中在对方提问的重点内容上，才能在回答问题的时候，给予对方清晰的信息反馈，从而确保自己的回答是有效的。

专注的倾听是最好的回答

俗话说：锣鼓听音，说话听声。悉心聆听对方吐露的每个字，注意他的措辞、选择的表述方式、语气，乃至声调，这是对方无意间透露消息的一个重要途径。在认真倾听过后，我们已经可以掌握一些有关对方的情况。这时候就可以采用相应的对策予以回击。

曾经有个小国派使者来到中国，进贡了三个一模一样的金人，皇帝很高兴。可是这个小国同时还出了一道题目：这三个金人哪个最有价值？

皇帝想了许多的办法，请来金匠进行检查，称重量，看做工，可都是一模一样的。怎么办？使者还等着回去汇报呢。最后，有一位老大臣说他有办法。

皇帝将使者请到大殿，老臣胸有成竹地拿着三根稻草，插入第一个金人的耳朵里，这稻草从另一边耳朵出来了。第二个金人的稻草从嘴巴里直接掉出来，而第三个金人，稻草进去后掉进了肚子，什么响动也没有。老臣说：第三个金人最有价值。使者默默无语，很显然老臣的答案是正确的。

这个故事告诉我们，最有价值的人，不一定是最能说的人。正如一句谚语所说的："语言是银，沉默是金。"善于倾听才是成熟的人最基本的素质。

但许多人并不懂得这个道理。当别人说的话自己不同意时，往往不待别人说完，就想插嘴进去。实际上，这样做是不对的，而且这样做，也决不能使别人放弃自己的主张，而来迁就你的意见。别人正有一大堆话急于说出来时，你想插一嘴，但这时他根本就不会注意你想表达的意思。所以，我们必须耐心听完，并且鼓励他把意见完全表述出来。

有一句民谚说："聪明的人，借助经验说话；而更聪明的人，根据经验不说话。"西方还有一句著名的话："雄辩是银，倾听是金。"中国人则流传着"言多必失"和"讷于言而敏于行"这样的名言。可见在语言沟通中，学说话之前，一定要先学会"听话"。

央视《面对面》节目的主持人王志曾说："一个会问的人首先是一个会听的人，会想的人。"反映到电视画面上，观众看到不是那个正在提问的王志，就是那个正在倾听和思考的王志。面对不同的采访对象，王志总能恰到好处地照顾和调整好对方的心态。王志在坐下来采访之前，通常会习惯性地和采访对象开玩笑说："我们是来真的，还是来假的？"这一句玩笑就给了采访对象一个心理预期——哦，我接受你王志的采访，我就得准备好接受你的"拷问"，就得讲真话。

在正式采访前，王志总是先阅读和消化编导准备的相关资料和问题。这样，在采访大方向确定的前提下，正式采访时王志就会完全抛开前期准备的资料，按照自己的思路和话题的发展来提问。因此，我们在节目中很少看到王志像其他采访记者那样低头去看编导准备的问题，因为他的全部注意力都放在采访现场的环境中。

要想像王志那样成为一个受欢迎的节目主持人，不仅要会说，首先还得学会"闭上嘴巴"去听。专注的倾听本身就是一种最好的回应。日常生活中，我们也抱怨过有些人总会提出一些难以回答的问题，让我们认真反思一下，到底是问题难以回答，还是我们没有做到认真地倾听呢？事实上，多数情况属于后者。

想要达到令人满意的倾听效果，需要注意以下几点：

1．保持专注。无论对方身份如何，在倾听对方提问时，都要注视对方的眼睛，如果你看着其他地方，即便你在认真听，都会让提问者错以为你没有认真听。

2．不要做其他事。比如玩手机、与他人交头接耳等，此类行为不仅将不专注直接表现出来，同样也是不尊重提问者的表现。

3．不随意打断别人。当提问者提出的意见与自己的观点不同，或者听到提问者的话语中有对自己不利的倾向时，立即打断对方，这种做法不仅很没礼貌，还会影响自己的形象及自己观点的表达。正确的做法是先认真听，等对方陈述完之后，再有针对性地做出回答。

4．适当中断。虽然打断别人的提问是一种很不礼貌的行为，但"乒乓效应"则属于例外。什么是"乒乓效应"呢？"乒乓效应"是指我们在倾听过程中，适时地提出一些切中要点的问题或发表一些意见和看法，响应对方的提问。这种技巧可以让提问者感受到你对他的问题感兴趣，也能让你对问题有一个更透彻的了解，以便于更好地回答。

专注于倾听别人的提问，会给自己赢得几秒钟的思考时间，便于我们回顾提问者提问的内容，分析总结出其关注的重点。只有专注地倾听，我们才有可能在大脑中删除那些无关紧要的信息，将注意力集中在对方提问的重点内容上，并在心中牢记这些重点，才能在回答问题的时候，给予对方清晰的信息反馈，从而确保自己理解的意思与对方一致。

另外，在对方提问时，针对某些特殊场合或情况，我们可以适当引导提问者，比如说一些鼓励性的话语，向对方表示我们正在专注地听他的问题，鼓励他继续问下去，避免沟通出现冷场。当然，也可以引导提问者问出自己想要回答的问题，包括自己想要阐述的观点。例如："你对某事还想知道哪些内容？"

倾听时，专心致志地注视着对方

著名的成功学家卡耐基说过："你即使喜欢果酱，而在钓鱼的时候，仍然不能用果酱作鱼饵；在这个时候，即使你讨厌蚯蚓，也得用它，因为鱼喜欢才会上钩。"这话虽然有些实用主义的味道，然而用它来说明讲话者与倾听者的关系，不失为一个生动的比喻，作为销售员尤其应该注意这一点。

当客户向你发表一些自己的观点时，如果你只是毫无表情的缄默，或者心不在焉，那就会令顾客感到非常尴尬。相反，如果你能够表现出时刻都在耐心倾听对方的谈话，就能够在无形中满足对方的自尊心，并有助于加深彼此间的感情，为销售的成功创造和谐融洽的环境和气氛。

作为推销员的约克面临着一个很大的障碍：他的听力很糟糕，他只能从别人的口形来判断对方说话的内容。但让人意想不到的是，正是这种听力上的缺陷反而给约克的推销工作带来了莫大的帮助。

格雷迪是罗伯特斯公司的创始人和总裁，该公司的业务是为圣戈地区的老板们提供潜在客户的信用情况。现在他们要购买一套计算机系统，这套设备至少需要二三十万美元。由于涉及金额较大，所以他对此也比较慎重，考察了很多家计算机设备商的产品与报价。

约克是其中一家计算机公司的推销员，为了赢得这份大合同，他先后在长达10个月的时间里跟格雷迪会谈了几十次，还进行了许多次的电话沟通与产品展示，以及频繁的谈判与宴请。可以说，这是一次马拉松式的推销。正是在这场推销中，约克逐渐意识到了自己的一个出人意料的优势，而这个优势正是来自他那极其糟糕的听力。

原来，每当他和格雷迪进行会谈时，由于听力较差，所以为了听清对方的谈话，他就必须全神贯注地去倾听、去观察，以判别格雷迪的口形，从而得知对方在说什么。在和格雷迪洽谈时，他一般都坐到椅子的外缘上，身体也尽量地向前倾，这样才能够更好地注意格雷迪的口形。约克的这种不经意的动作与表情，在无形之中就给了格雷迪这样一种感觉：即对方在非常耐心、认真地倾听自己的谈话，对自己的谈话很感兴趣，也很尊重自己。

由于需要调动全部的注意力来观察格雷迪的口形，所以约克一点也不敢分心，就是电话铃响或者客户的秘书进来——他的眼睛都始终没离开过格雷迪的脸。即使是在做笔记时，约克的眼睛也在看着对方。

就这样，在整个推销过程中，只要和格雷迪谈话，约克从不分神，这样一来，约克的态度就让格雷迪先生觉得他是世界上最重要的人，从而强烈地满足了他的自尊心。可想而知，最终约克也和他成功的达成了交易。

在签完合同后，约克就下决心要改善一下自己的听力。于是他出去买了一套助听器。当他戴上助听器，再一次去拜访格雷迪的时候，情况却发生了变化。

当他和格雷迪在办公室交谈时，由于戴上了助听器，所以不需要再坐到椅子边上，身体也不必向前倾了，他就靠在椅子背上，拿出笔记本问道："机器工作得怎么样？"格雷迪开始讲计算机的工作情况，突然秘书进来了。不自觉地，约克一边听格雷迪讲，一边不时地四处看看，因为他再也不用专注地盯着格雷迪的脸就能听见他在说什么。"这可真棒！"他心想，他能一边听，一边随意地到处看看。

十几分钟之后，格雷迪突然半途停下话题，约克当时正在一边听他说话，一边望着窗外的风景。

"约克！"格雷迪提高嗓门叫着。

"什么事？"约克一边回答，一边收回视线看着他。

"我要你把那玩意儿取下来。"

"把什么取下来，格雷迪？"约克不解地问。

"你的助听器。"

约克一脸疑惑："为什么？"

"因为我觉得现在你对我一点都不尊重。我更喜欢以前那样——你坐在椅子边上，身体前倾，时刻注意着我的一举一动，那会让我感到备受重视。而现在，听我说话时你东张西望，好像眼里根本没有我。我知道你不是那样的人，但我还是请你取下助听器。"

约克也突然明白了问题的所在，就取下助听器并放回盒子里，坐在椅子边上倾听他谈话，像以前一样，全神贯注看着他。就连做笔记时，也不把视线移开一点。格雷迪的脸上又重新露出了满意的笑容！

听人谈话，并非只是简单地用耳朵就行了，还需要积极地做出各种反应。这不仅是出于礼貌，而是在调节谈话内容和洽谈气氛。

多听少说是一种智慧

著名推销员乔·吉拉德说过这样一句话："上帝为何给我们两个耳朵一张嘴？我想，意思就是让我们多听少说！倾听，你倾听得越长久，对方就会越接近你。"

　　人们总是没有耐心听别人说，所有的人都在等着说。再也没有比拥有忠实的听众更令人愉快的事情了。在人际交往中，多听少说，善于倾听别人讲话是一种很高雅的素养。因为认真倾听，体现了听者对说话者的尊重，人们往往会把忠实的听众视为知己。

　　湾流公司的销售员杰克入职后，每天都非常努力地打拼。然而，半年过去了，他却连一个订单都没有拿到过。和他一同进入这家公司的保罗却业绩斐然，平步青云，仅用三个月时间就从一名普通员工晋升为销售部经理。杰克感到非常疑惑，因为自己每天早出晚归，拼死拼活地工作，业绩却毫无起色，保罗平时很少出门拜访客户，每天只是轻松地打几个电话，订单就会不请自来了！

　　为了解开自己心中的疑惑，也为了探知保罗成功的秘密，杰克鼓起勇气走进了老板艾伦的办公室，将自己心中的不解告诉了他。老板艾伦让他坐下来然后对他说："我给你讲一个故事吧，那是我的亲身经历。"

　　这是艾伦年轻时当推销员的一次经历。有一天，艾伦去一家大型化工厂进行推销。到了该工厂之后，艾伦遇到了该厂的负责人，一位刚三十出头的年轻人。一看到这位年轻的厂长，艾伦觉得这个人这么年轻就能管好一个这么大的工厂，肯定有他的特殊才能。于是，艾伦试着与他攀谈。在聊天过程中，艾伦觉得自己的心情非常愉快，认为那个年轻厂长是一个很值得交的朋友。而那位年轻厂长也对艾伦的印象非常好。那一天，向来目标明确的艾伦，在和那位年轻厂长聊天的时候竟然完全忘记了自己的使命，而是和年轻厂长聊得天南海北，全是和自己的目标无关的话题。

那个年轻厂长曾在哈佛大学就读，学的是经济学，非常喜欢聊美国的经济和世界的发展趋势。艾伦虽然不怎么懂经济，但是却表现得对年轻厂长说的东西非常感兴趣的样子。年轻厂长在艾伦面前讲得相当投入，虽然他说出的很多东西艾伦都似懂非懂，但是艾伦却像着了魔似的，非常急于听到他对美国和世界的经济现状和未来发展、对化工产业的现状和未来发展等方面的看法。

当俩人聊完时，天色已晚。艾伦离开厂区时才发现自己竟然把推销任务忘到了九霄云外了。那一瞬间，艾伦也很懊恼，后悔自己不该只顾着去倾听客户的兴趣，而忘了自己的工作和使命是推销。

没想到，第二天艾伦刚到办公室就接到了一个电话，是那个年轻厂长打来的。他很爽快地对艾伦说："昨天和你聊得非常开心。谢谢你让我有了一次把自己的看法和观点说出来的机会，你让我非常快乐，让我受到了极大的鼓舞。今天下午你把合同带来吧，我们一定能建立长期的合作关系，相信和你合作一定能让我们都很愉快！"

原来，这位年轻厂长在艾伦面前痛痛快快地阐述了自己的观点和看法后，认为自己遇到了一位知己。事实上，艾伦也发现自己跟那位年轻厂长有着相同的志趣，于是从此以后除了工作上的合作，俩人还很快就成了无话不谈的朋友。在往后的日子里，年轻厂长又帮艾伦介绍了很多的业务。

艾伦讲到这里，杰克茅塞顿开，恍然大悟，终于明白自己为什么业绩会一直没有起色了。原来，推销员在和客户交流过程中，一定要对客户的话语保持一种无限的好奇心，要时刻保持着一种对客户的话不听不爽的激情，要做到与客户进行心与心的交流。如果我们真的能做到这一点，我们很多时候得到的不仅仅是眼前的交易，还有长远的合作。因为当我们的真诚和人品被客户认可后，当我们被客户所信赖后，我们即使不东奔西跑，订单也会不请自来！

每个人都有听的权利，但必须掌握聆听的技巧。说与听是一体两面，在说话的同时，要学会如何敞开心灵去倾听对方的声音。一个人如果具有会倾听的耳朵，能感同身受，在人际关系中就有无与伦比的魅力。就像上面故事中艾伦的做法那样，耐心地把话听完，本身就是一种最好的回应方式。

英国学者约翰·阿尔代说："对于真正的交流大师来说，倾听和讲话是相互关联的，就像一块布的经线和纬线一样。当他倾听的时候，他是站在他同伴的心灵的入口；而当他讲话时，他则邀请他的听众站在通往他自己思想的入口。"

通常，当你与别人相处，听别人说话时，要想真正听懂对方的话，首先要做到如下几点：

1. 如果不懂，就请听别人把话说完，这就是"听的艺术"，听话不要听一半。

2. 不要把自己的意思，投射到别人所说的话题上，要等对方把他所要表达的意思表达完整。

3. 设身处地地倾听，通过对方的言谈，明了对方的观点、感受和内心世界。这种倾听要耳到、眼到、心到，用眼睛去观察，用心去体味，真正进入他人的感受，而且还能把它投射回去。

4. 面对对方，聚精会神、专心致志地听，对对方的话很有兴趣，不走神、分心。

世界上有两种力量非常伟大，其一是倾听，其二是微笑。你倾听对方越久，对方就越愿意接近你。倾听是一种礼貌，是一种尊敬讲话者的表现，是对讲话者的一种高度的赞美，更是对讲话者最好的恭维。倾听能使对方喜欢你，甚至信赖你。

每个人都希望获得别人的尊重，受到别人的重视。当我们专心致志地听对方讲，努力地听，甚至是全神贯注地听，对方一定会有一种被尊重和重视的感觉，双方之间的距离必然会拉近。

因此，在说话或回话之前，只有倾听，才能感悟出对方的思维模式，捕捉他的真实意图。倾听是成熟人最基本的素质，一个善于沟通的人首先应该是一个听众。据社会心理学家统计，我们有50%～80%的时间在与人沟通，而在这沟通的时间内，有一半的时间是在倾听。

只有倾听，才能赢得对方的心

富兰克林曾说："当你对一个人说话时，看着他的眼睛，当他对你说话时，看着他的嘴。"

安妮在一家肯德基连锁店做收银员，每天晚上到了下班时间孤独就会爬上安妮的心头。她总是一个人孤单地吃完晚餐，然后就随手拿起一本小说来打发时间。

这种日子已经过了几个月，她不知道该如何是好，她不知道怎样才能交到朋友，尤其是知心的男友。难道大学四年毕业之后，面对的就是这种生活吗？

这还不是最难过的，反正她可以借着阅读各种爱情小说，与书中女主角共度欢笑悲伤，让时间慢慢流逝。

但是到了深夜，一个人孤独地躺在床上，这才是最难熬的。

有一天，安妮接到通知要去见公司人事部主管琳达女士，她不知道自己怎么会来这儿见人事主管，也不知道自己怎能对着她侃侃谈出自己的情况，因为她一向不善于表达自己，以往这种情形总是令她手足无措，说不出话来。

人事主管琳达是个善解人意的人，她语重心长地对安妮说："只要你愿意，我可以帮你渡过难关，并且交到朋友。不过，你必须抛开那些爱情小说，利用晚上到艺术学校去选修些课程，不要再读那些虚幻不真实的小说来自欺欺人。还有，你在公司的工作很有发展潜力，我希望你努力干，有一天能升到广告部门的执行组，也正因为如此，你更需要多学一些绘画及用色方面的技巧，最重要的是，你不要再整个晚上窝在家里了。"

安妮还记得主管说过，年轻人只要肯出去参加活动，很容易就可以交到朋友，只要学着去表现自己的特点，做个活泼的女孩，一定会有许多追求者。要有所改变，做自己想做的事。同时，要注意看别人做什么，听别人说什么，让自己成为一个好伴侣；不要轻信别人的谗言；除非自己也能给予别人一些回馈，世上不会有人白白对自己好。

不久之后，安妮的生活真的变得多姿多彩，她已经克服困难。她真没想到，只是学着多听别人讲话，就赢得了那么多的友谊。她想起这正如琳达女士曾经告诉她的："大多数的人，自我意识都很强，都希望有表达自我的机会，所以，你根本不必担心该说什么，只需要静静地、专心地听对方说，这就够了。"

原来，良好的人际关系这么简单，以往安妮把自己关在小天地中，拒绝和别人沟通，现在，情况完全不同了。

学会倾听，是突破交往障碍的一个有效行动。当你走出自己的小天地，试着站在别人的立场上做一个好的听众，你就能够成为一个广受欢迎的交际高手，为自己赢得众多的朋友。

只有倾听，才能赢得对方的心。"成功需要倾听"。这也是很多成功人士的座右铭。世上所有人都把倾听自己心声的人当作朋友。但真正的倾听，并非那么容易。因为那不是技巧问题，而是用心的问题。你是个善于倾听的人吗？如果你的行为中出现以下七种情况中的一种或一种以上，你就应该注意改善自己的倾听技能了。

1. 和别人沟通时，打断对方讲话，以便讲自己的故事或者提出意见。

2. 和别人沟通时，没有和对方进行眼神接触。

3. 和别人沟通时，任意终止对方的思路，或者问了太多的细节问题。

4. 和别人沟通时，催促对方。

5. 和别人沟通时，接打电话、写字、发电子邮件，或把注意力转移到其他事情上。

6. 和别人沟通时，忘记对方所讲的内容。

7. 和别人沟通时，特意等到对方讲完，只为方便你对他所讲的内容"盖棺论定"。

倾听是一种艺术，也是一种技巧。倾听是一种修养，更是一门学问。要想赢在职场，就要学会倾听，善于倾听是迈向成功的捷径，最有价值的人，不是那些能说的人，而是那些最善于倾听的人。用心倾听他人的声音，就是对对方最好的关怀和体贴。人难以改变别人的想法，但是能够赢得对方的心。懂得倾听，有时比会说更重要。

实际上，有效倾听的技巧是可以通过学习而获得的。认识自己的倾听行为将有助于你成为一名高效的倾听者。按照影响倾听效率的行为特征，倾听可以分为四个层次。一个人从第一层次成为第四层次倾听者的过程，就是其倾听能力、交流效率不断提高的过程。下面是倾听的四个层次的描述：

第一层次——心不在焉地听。

倾听者心不在焉，几乎没有注意讲话者所说的话，心里考虑着其他毫无关联的事情，或内心只是一味地想着辩驳。这种倾听者感兴趣的不是听，而是说，他们正迫不及待地想要说话。这种层次上的倾听，往往导致人际关系的破裂，是一种极其危险的倾听方式。

第二层次——被动消极地听。

倾听者被动消极地听讲话者所说的字词和内容，常常错过了讲话者通过表情、眼神等体态语言所表达的意思。这种层次上的倾听，常常导致误解和错误的举动，失去真正交流的机会。另外，倾听者经常通过点头示意来表示正在倾听，讲话者会误以为所说的话被完全听懂了。

第三层次——主动积极地听。

倾听者主动积极地听讲话者所说的话，能够专心地注意对方，能够聆听对方的话语内容。这种层次的倾听，常常能够引起对方的注意，但是很难引起对方的共鸣。

第四层次——同理心地听。

同理心积极主动地倾听，这不是一般的"听"，而是用心去"听"，这是一个优秀倾听者的典型特征。这种倾听者在讲话者的信息中寻找感兴趣的部分，他们认为这是获取有用信息的契机。这种倾听者不急于做出判断，而是感同身受对方的情感。他们能够设身处地看待事物，总结已经传递的信息，质疑或是权衡所听到的话，有意识地注意非语言线索，询问而不是辩解质疑讲话者。他们的宗旨是带着理解和尊重积极主动地倾听。这种感情注入的倾听方式在形成良好人际关系方面起着极其重要的作用。

事实上，大概50%的人只能做到第一层次的倾听，30%的人能够做到第二层次的倾听，15%的人能够做到第三层次的倾听，达到第四层次倾听水平的仅仅只有至多5%的人。我们每个人都应该重视倾听，提高自身的倾听技巧，学会做一个优秀的倾听者。

倾听不是被动地接受，而是一种主动行为。当你感觉到对方正在不着边际地说话时，可以用机智的提问来把话题引回到主题上来。倾听者不是机械地"竖起耳朵"，在听的过程中脑子要转，不但要跟上倾诉者的故事、思想内涵，还要跟得上对方的情感深度，在适当的时机提问、解释。使得会谈能够步步深入下去。

倾听时一定要有耐心

在推销过程中，很多推销员没有拿到订单，并不是因为他们在客户面前说错了什么话，有时候他们甚至可能说得非常出色，口若悬河，然而该单生意最终却没有做成，"病"因究竟出在哪里呢？

经过观察我们发现，表达能力很出色却依然丢掉订单，最大的原因是推销员缺乏足够的耐心，并没有给自己足够时间去真正倾听客户所说的话，更没有通过听客户的话而去了解客户的心声。

通常，推销员每天都要面对很多客户。有不少推销员往往会一见到客户就不遗余力地向他们介绍自己产品的优点，希望用最短的时间去说服客户。然而，如果不能耐心地倾听客户来告诉你他们真正的需求，你跟客户说再多的话，也只能是隔靴搔痒，劳而无功。

在我们日常生活中，大多数人都是奉行少说话多做事的原则，认为只有不停地去做才有成功的可能。是的，做固然重要，但我们要明白"做"还应当与倾听结合起来，先倾听，然后再去做。如果你想回答对方的问题，你就必须掌握对方的真正需求。为此，你应该通过耐心地倾听，了解到更多有关对方方面的信息，从而让自己做到有的放矢，回答问题就能收到事半功倍的效果。

乔基姆是位成功的汽车推销员，在谈起自己的推销经历时，他对有一次因为自己没有用心倾听客户从而丢掉了订单的经历记忆尤深。

当时是星期二上午，店里门可罗雀，冷冷清清，许久都没有进来过一个客户了。就在店里的推销员们都百无聊赖之际，从门外走进来了一个穿着讲究的中年男人。他走进来后，大声地对大家说，他是来这里看车的。看到有客户上门来了，乔基姆马上主动而热情地向这位客户推荐了一款最新上市的车。客户在详细询问和亲身触摸检查了新车之后，对这辆车相当满意。看完之后，客户爽快地答应乔基姆，说马上会交付2万美元的定金，并决定下午来提车。

没想到，10分钟之后，客户没有交定金，原来他突然变卦了。他告诉乔基姆，自己决定不买这辆车了！

乔基姆对此思前想后，却百思不得其解。他无论如何也想不起来自己到底错在哪儿了，直到当天晚上11点了，他还在想着这件事情，被它困扰不已。最后，乔基姆实在是忍不住了，便冒昧地拨通了那个客户的电话："先生，您好！我是某某汽车公司的推销员乔基姆，今天上午我为您服务过，曾经向您介绍过一款新车，当时您已经看中了它并准备交付定金了，后来却为什么突然不要了呢？"

"喂，你有没有搞错啊，知道现在几点了吗？这么晚还打电话来！"

"很抱歉，我知道现在已经是晚上11点钟了，但是我检讨了一整天，实在想不出自己错在哪里了，因此特地给您打电话讨教一下。"

"原来如此！其实我放弃购买的真正原因是，当时你根本就没有用心地听我讲话。就在我准备去交定金之前，我提到了车的磨合期、车的耗油量、车的保修期，以及车辆在山路行驶性能等等问题，然而你听了之后却毫无反应！所以，我凭这些感觉到你极其不尊重我，从而使我的自尊心受到了严重的伤害！"

乔基姆还是没太想起客户说的这些事，不过已经有些许印象了。只是因为他当时根本就没有注意去听客户说的这些，所以他才记得不太清楚了。然而，正是因为不注意倾听客户，令乔基姆失去了他当时认为已经是"煮熟了的鸭子"的订单。他现在想起来了，当时他确实没有用心倾听客户在说些什么，而是把真正的心思都放在了如何收取订金和办理手续上面。

乔基姆的失败在于没抓住客户的基本心理，他当时还不太明白，那人既然来买车，就肯定需要得到推销员的详尽推介，从而让自己能对车有一个全面的了解，他做到这一步，已经足够了。可惜由于乔基姆急于成交，没有注意倾听客户后来的那些问题，从而失去了客户对自己的信任和好感，最终失去了一次成交的机会。

我们在客户面前努力地推销自己的产品，这是对的。只是我们若想事半功倍，就必须要有耐心，懂得首先倾听对方的需求，然后再"对症下药"。所以一定要注意以下几个方面的问题：

1. 全神贯注地去倾听。

这里所指的倾听，不仅仅是用耳朵来听，也包括要用眼睛去观察对方的表情与动作，用心去为对方的话语做设身处地地考虑，用脑去研究对方话语背后的动机。

倾听对方的讲话要集中注意力，细心聆听对方所讲的每个字，注意对方的措辞及表达方式，注意对方的语气、语调、面部表情、眼神动作等，所有这些都能为你提供线索，去发现对方一言一行背后所隐含的内容。

例如：在沟通中，我们常常听到这样的说法："顺便提一下……"说话的人试图给人一种印象，似乎他要说的事情是突然想起来的。但是，你要明白的是，他要说的事情恰恰是非常重要的，先说这么一句，显得漫不经心，其实不过是故作姿态而已。所以，当你发现一个人常用诸如"老实说""说真的""坦率地说""真诚地说"等类似的一些词句的时候，往往就是此人既不坦率也不诚实的时候，这种词句，只不过是一种掩饰罢了。

2.抛弃先入为主的观念。

只有抛弃那些先入为主的观念，才能去耐心地倾听客户的讲话，才能正确理解对方讲话所传递的信息，从而准确地把握对方话语的核心所在，从而客观、公正地听取、接受对方的疑惑与不满。

3. 控制好自己的言行。

在倾听对方讲话时，最难也是最关键的技巧之一，就是要约束、控制好自己的言行。通常人们都会喜欢听赞扬的话，不喜欢听批评话。当听到反对意见时总会忍不住想要马上批驳，似乎只有这样，才能说明自己有理。还有的人过于喜欢表现自己，这都会导致在与对方交流时，过多地讲话，或打断别人的讲话。这不仅会影响自己的倾听，也会影响对方的谈兴和对你的印象。所以，在与对方的沟通中，一定不要轻易地打断对方的讲话，也不要自作聪明地妄加评论。

4. 尽量创造倾听的机会。

要想营造一种较为理想的谈话氛围，并鼓励对方继续谈下去，作为倾听方，就需要采取一些策略方法。

第一，要善于鼓励。倾听对方的阐述需要做好相应的准备，否则，倾听时心不在焉，会让对方觉得你根本就没听，从而让对方感到不愉快，也会觉得你欠缺合作的诚意。因此，在倾听时一定要给对方营造一种心情愉快、愿意继续讲下去的氛围。其基本技巧之一，就是用微笑、点头、目光等赞赏方式来表示对客户的呼应，来显示自己对客户谈话的兴趣，从而促使对方继续讲下去。

第二，要善于表示理解。试想一下，如果你侃侃而谈了半天，对方却一点儿听懂、弄明白了的表示都没有，那么你还有兴致谈下去吗？所以不妨设身处地地为对方考虑一下，在沟通中，当你充当"倾听者"时，一定要注意以"是""对"等答话来表示自己的肯定。在对方停顿下来的时候，也可以用简单的话语来指出对方的某些观点与自己一致，或运用自己的经历、经验来说明对讲话者的理解，有时还可以适当复述对方所说过的话，这些表示理解的方式都是对讲话者的一种积极呼应。

第三，要善于鼓励对方讲下去。有时候适当地运用反驳和沉默，也可以鼓励对方继续谈下去。当然，这里所说的反驳并不是指轻易地打断对方的讲话或插话，而是当对方征求你的意见或稍作停顿时，对其进行适度的反驳。另外，根据具体的交谈情况，你也可以保持适当的沉默，因为沉默有时不等同于承认或忽视，它可以表示你在思考，是重视对方的意思，也可能是在暗示对方，让他们转变话题。

5. 有鉴别地去倾听。

有鉴别地去倾听必须要建立在专心倾听的基础上，因为不用心听，就无法鉴别出对方所传递出来的信息。

6. 不要因急于反驳对方而结束倾听。

即使是在已经明了对方真实意图的情况下，也要坚持听完对方的阐述，而不要因为急于纠正对方的观点而打断对方的谈话。即便是根本不同意对方的观点，也要耐心地听对方讲完。因为，听得越多，就越容易发现对方的真正动机和主要的反对意见，从而有针对性地调整自己下一步的回答策略。

7. 倾听要配合积极的回应。

要使自己的倾听获得更好的效果，就不仅要去认真地听，还应该有一些反馈性的表示，比如点头、欠身、双眼注视对方，或重复对方所说的一些重要句子，或提出几个对方关心的问题等。这样一来，对方就会因为你如此专心地倾听而愿意更多、更深地讲出自己的一些观点。

不要打断，让对方把话说完

一个善于倾听的人，在别人说话时，眼睛会直视对方，不仅是在真诚地倾听，而且也在全身心地投入，并及时做出反应。

其实，倾听中的沉默也并不是什么新奇的方法。早在两千年前，西塞罗就说过："沉默是一门艺术，雄辩也是。"但是现在"听"的艺术却往往被人们忽略了，真正的好听众是少之又少。

小玫是一个刚满18岁的小姑娘，前几天被一家花店的老板雇佣，成为花店里的卖花女孩。老板告诉她，要想给顾客留下好印象，让他们高兴地掏腰包买花，就一定要对顾客热情，要主动地和客户说话。小玫把老板的话都记在了心上。

这天上午，阳光明媚，从门外面进来了一个小伙子，长相英俊但脸上表情比较凝重。看见有客人来了，小玫便热情地迎了上去，脸带微笑地说："您好！欢迎光临！"

小伙子友好地点了点头，算是回应。小玫看到小伙子不说话，而且从脸上的表情感觉他心情不好，于是便对他说："您看上去心情不大好，一定是和女朋友吵架了吧？谈恋爱嘛，小吵小闹难免的。想哄哄她吗，你就送她几朵玫瑰吧！您看，这些红玫瑰都是刚从南方空运过来的，充满了新鲜气息，漂亮迷人。您女朋友收到了玫瑰花，一定不会再和你闹别扭了的。"

　　严肃的表情依然挂在小伙子的脸上，当他听到小玫这样说后，马上想张口说点什么，然而小玫却又抢过了小伙子说话的机会："先生，红玫瑰代表爱情，送给女朋友当作道歉之用，是再也合适不过的了。这红玫瑰呀，一朵代表忠贞，三朵代表我爱你……"小玫一边说着一边拿起了几朵玫瑰花。然而，小伙子听了她滔滔不绝的介绍，就是不发一言。

　　这时，小玫好像忽然明白了什么，迅速改口说："先生，这段时间我们店搞活动，如果您现在购买的话，可以给您八折优惠。要是您消费满一百元的话，我们店里还可以免费送您一个花篮……"

　　听到了小玫的用价格优惠来"诱惑"自己，小伙子还是没有说话。

　　"先生，是不是您觉得送红玫瑰不合适啊？"

　　"是的！"小伙子终于开口说话了。

　　"如果你想向对方表达深深的歉意，最好是送康乃馨！你看，我们的康乃馨也是刚刚空运过来的，上面还挂着露珠呢。多美啊？先生，你想要几朵？要不然就九朵吧？好兆头，你女朋友收到了一定会很高兴的。"

小伙子面对小玫的热情介绍，脸上却显得越来越无奈了。小玫觉得越发奇怪，知道肯定是自己介绍错了，于是想马上更正："要不然，您送百合吧，百合也是很合适的啊……"小玫依旧非常主动和热情地介绍着。可是，这个小伙子就是不说自己想要买什么花。小玫这时候也着急了，于是便有些不耐烦地问道："先生，您到底想要什么啊？"

"今天是我妈妈的忌日……"小伙子说完转身离开了花店，一片花瓣都没买。

就这样，小玫因为主动热情，把客户给说跑了！小玫没有让客户买下花，并且让客户心情不爽地走了，可以说这次销售是失败的。这次失败，主要是败在没有了解客户的真正意图之前，就妄下了论断，进而向客户盲目地销售自己的商品，结果使客户不厌其烦，最后负气离开。

其实，客户走进了你的店，接受了你的服务，就证明他现在有求于你，只是如果我们没有及时地把握好客户的心理需求，就无法满足客户，其结果只能是竹篮打水一场空，眼看要到手的生意就这样白白流失掉了。

会说话的人都是会听话的人。不想说个不停而是洗耳恭听的人是最会说话的人。

在日常会话当中，要做到会听是相当困难的，不要说会听，有的人甚至连互相交谈的最基本原则都做不到。对方一开口，立刻打断对方，自己却长篇大论地讲个不停，等到对方感到不快而索性不说了，他反而认为对方被自己说服了，因而洋洋得意，这样的人还真不在少数。

在大多数人的习惯意识里，沟通就等同于语言交流。美国加州大学的心理学教授古德曼对沟通却有着不同的论断，这就是著名的古德曼定理。

古德曼定理并不是否定谈话的沟通效果，而是从心理学角度辩证地看待沟通，也就是指我们不能简单地将沟通理解为有声的会话，很多时候，先声夺人最容易使沟通陷入尴尬的困境。

倾听之所以在回答过程中必不可少，主要有以下三点原因：

1. 回答问题之前，你是提问者的听众。如果在提问者没有阐述完观点之前，你抢先回答，谁来当听众呢？倘若没有听众，那么，提问与回答也就失去了意义。

2. 回答问题需要思考。回答问题之前，如果没有时间用来思考，就很难领会提问者的话语内涵。

3. 回答问题前的倾听，是消化问题的过程。回答问题也需要领悟，倾听是消化别人观点的最佳途径。

那么，学会倾听为什么这么难呢？专家指出，倾听最困难的地方在于需要放弃自己的立场，完全进入对方的世界。相信绝大多数人都难以做到放弃自己的立场，这就必然会导致倾听变得困难。例如：

太太说："某邻居刚换了一辆轿车，唉!我们什么时候也能换一辆新车？"

先生想发表自己的观点，但想了想还是忍住了，因为他在努力学习倾听这门艺术。

太太接着说："算了，看你现在的收入……估计也没希望。"

先生终于按捺不住："什么叫没希望啊？你是千里眼啊，以后的事你怎么能知道……"

上面的对话中，尽管先生已经努力倾听，终究在倾听时，他还是下意识地站在了自己的立场。生活中，尽管我们总是说自己在听，但我们只是在头脑中思考在对方提问之后我们要说的内容，而不是真正去听对方说什么，这也是我们花了两年的时间学会说话，却要花上六十年的时间学会闭嘴的原因。

第二章

变换思维，巧妙回话解危机

　　遇到难以回答的问题时，我们不要盲目按照惯性思维去回答，巧用逆向思维，会让问题变得简单。通常，回答提问时，留给我们的思考时间是非常短暂的，这就要求我们必须具备快速变换思维的能力，也就是说，面对不同的问题，要掌握从不同角度去思考问题的方法，只有这样才能让棘手的问题变得不难回答。

机智妙语化解尴尬

"你怎么这么穿衣服？""你的发型看起来怪怪的。""你让开，别挡着我。"……此类的尴尬在公众场合，会让很多人感到难堪，自尊心受挫。遭遇这样的事情，每个人都肯定会很窝火。发作，自己更折面子；置之不理，有失尊严；斤斤计较，有失风度；最好的办法还是巧妙地化解，不但不会有损身份，化解得好还能给自己加分。

崔永元的机智幽默人所共知，在化解尴尬方面也有着自己的高招：

小伙子：崔哥，你的"实话实说"怎么没有过去好看了？

崔永元：不错，我也觉得没有过去好看，我们有责任，不过主要责任在你。

崔永元：小伙子，你结婚没？

小伙子：没有。

崔永元：我告诉你，结婚的感觉和恋爱的感觉是不一样的。

这样的问题是很尖锐的，而且也确实是很多观众的一致反映。但是，节目的好看与否和观众的欣赏角度也是有关系的。所以，崔永元先承认这一点，同时用一个"恋爱和结婚"的恰当比喻巧妙地将另一层意思表达了出来。比喻贴切，回答诙谐。

女青年：崔老师，学校要开辩论会，您教我几招啊？

崔永元：什么题目？

女青年："IQ"与"EQ"哪个更重要？

崔永元：你说哪个更重要呢？

女青年：我也不知道，问你呀？

崔永元：好吧。我给你出条"妙计"——讲"IQ"与"EQ"的书，书市上都在卖，你进去问问营业员，哪个卖得快，卖得快的就重要。有了这个秘密武器，包你旗开得胜！

"IQ"与"EQ"哪个更重要，这本身就是一个没有定论的问题，所以回答哪个重要都是不能自圆其说的。崔永元深知这一点，所以，他用现象说话：哪个卖得多哪个就重要。既回答了问题，又没有留下漏洞。

大学生：都说你崔永元语言了得！会说方言吗？我会多种方言，你敢和我比比吗？

（大学生说了广东话，客家话和闽南语，崔说一句也听不懂。大学生非常得意。）

崔永元：请问你叫什么名字，哪个学校的，学校在什么地方，哪个班级，住哪个宿舍……

大学生：你问这么详细干什么？

崔永元：啊！没什么，我回北京以后，是想抽个时间向国家语委报告，在广州的某个学校，有一个不提倡讲普通话的角落，方言很盛行，请他们来查查！

在这个事例中，大学生显然是抱着挑战的态度来的，但是他忽略了一个基本的事实，那就是崔永元语言了得，是他的语言很机智幽默，表达很流畅，有自己的独到之处，而不是会多少种语言。崔永元并没有从这个角度回答，而是幽默地从提倡普通话的角度来"反驳"他，这样既回答了他的问题，同时还传达了一个信息——国家在大力提倡普通话，作为大学生更应该做表率。

从崔永元身上，我们除了看到他为自己解围的机智幽默，更看到了他的睿智。因为，他的幽默不是单纯的搞笑、诙谐，而是同时传达另一种意思，体现的是一种智慧。这一点当然需要长期的积累。如果我们在日常生活中遇到尴尬的事情，可以借鉴崔永元的做法，机智、幽默、巧妙地化解。除此之外，有以下方法可供借鉴：

1. 自我解嘲。

自己有了过错，受到别人的嘲讽，反击只会激化矛盾，而自嘲则可以很好地化尴尬于无形。

有一次林肯乘马车上街，在街口被过路的军队堵住了，林肯走下马车问一位老乡："这是什么？"意思是想问这是哪个部队的，老乡以为他不认识军队，就训斥道："联邦的军队呗，你真是大笨蛋。"面对如此窘境，林肯转身对身边的人说："有人在我面前说老实话，真是一种福气，我的确是个大笨蛋。"

自我调侃式的自嘲不但没有使林肯在众人面前丢失面子，

相反还向众人展现出他雍容大度的胸怀。

2. 将错就错。

遇到意想不到的麻烦事，不及时处理或者处理不当就会导致尴尬，而牵强的解释更像是一种欲盖弥彰，这时候随机应变、将错就错、巧妙补救，则会出现新的生机。

3. 以其人之道还治其人之身。

有时候，你会遇到蛮不讲理的人，他们会有意提出毫无道理的问题来刁难你，让你哭笑不得。不论你答与不答，都已经陷入了尴尬的境地。这时候，要以幽默为武器予以还击，将尴尬不知不觉地转移给对方。

　　加拿大前外交官斯特·朗宁1893年出生于中国襄阳。1923年朗宁竞选省议员时，反对派大肆宣传他是"喝中国人的奶长大的，身上一定有中国的血统"。朗宁以其人之道还治其人，幽默地反击道："你们是喝着牛奶长大的，身上一定有牛的血统。"

这样的妙语幽默风趣，既是笑话又非笑话，有礼有节，让对方知道推断的错误。

4. 转移视线。

当遭遇自己不了解的问题时，可以巧妙地抓住话题中的空隙转移视线，巧妙应答，走出困境。

　　一个实习导游带着旅游团到古城扬州参观。当他向大家介绍扬州曾经有着辉煌文明的历史的时候，有游客问：

"有什么大人物诞生在这座城市？"导游一下子愣住了，因为他也不知道。众多游客都围了过来，也想了解一下。导游见状，机敏地说："先生，这个城市里诞生的都是婴儿啊。"旅游团的成员们顿时哈哈大笑。

导游面对自己不知道的问题，巧妙地偷梁换柱，运用了诞生的"歧义"，转移了话题：把"诞生了哪些名人"转移到"诞生的是什么"上。尽管导游的答案似是而非，但大家都清楚这只是个玩笑，于是乐在其中，导游的尴尬也随之化解。

转移话题，逃避刁难

狡猾地逃避记者的刁难，或者是不想回答的问题，甚至是自己的丑闻，也许是政客们惯用的把戏。那我们日常生活中怎样才能巧妙地回答问题呢？设想一下，如果你是公司新闻发言人，记者提出了对公司不利的问题，你要怎么回答？如果你是个明星，记者问你的隐私，你要怎么面对？转移话题是个办法，可是怎样才能将提问者的注意力分散到其他方面，不会发现你回答的不是他所要问的呢？

哈佛大学肯尼迪政治学院的托兹·罗杰斯（Todds Rogers）和商学院的迈克尔·诺顿（Michael Norton）认为两种情况下比较适合使用"转移话题策略"：一种是演讲者回答相似的问题，使观众难以回忆起刚才的问题；一种是当观众们的注意力集中在社会性的目标或是没有明确目标时，更难发现演讲者避开了问题。

转移话题就是针对对方说话的主题，看似漫不经心，实则有备而来。避实就虚，避重就轻，或者说干脆从侧面入手另起炉灶，寻找出适当的突破口。明明对方问的是这件事，我们却可以从看似与之无关的另一件事说起；本来对方希望我们表达这种意思，我们回答的却是风马牛不相及的另一件事，是一种歪打正着式的化解危机技巧。

戴玉强被誉为"世界第四大男高音"，多年的歌剧演出使他变得气宇非凡，他出现在哪里，人们的目光都不由自主地落在他身上。有一次，有位记者很崇拜地问他："戴老师，您为什么比别的明星有大腕范儿呢？"戴玉强幽默地说："因为我比别人长得要高大一些。"

另一位记者也很狡猾地问了他一个问题："戴老师你觉得你什么时候最风光？"戴玉强机智地回答道："我最风光的时候就是我每次演出完谢幕的那几分钟，因为这时我总能听到观众给我以暴风雨般热烈的掌声。"

还有一次，戴玉强被请到蔡国庆主持的《非常说名》去做专访。在问答环节，有一位现场的学生问："戴老师，你现在取得了巨大成功，在成功面前有没有自我膨胀？"

戴玉强迟疑了片刻，笑着站起来拍拍肚子说："从我肚子上看看有没有膨胀？"

蔡国庆说："他心宽体胖！"

戴玉强风趣地说："我不是神，我是人，我是一个普通人，肯定会自我膨胀的，不过我一定会努力，把膨胀的肚子塞满，变成实实在在的胖。"现场顿时一阵掌声。

众所周知，大腕的大和高大的大显然不是同一个意思，但它又确实是同一个字，这就给了戴玉强可乘之机，以身材的高大回答别人的夸奖，看似风马牛不相及，但正显示了他低调的态度和处世风格，让人心生敬佩。

郭达是中国著名的小品演员和笑星，他幽默诙谐的表演、质朴忠厚的形象深受观众的喜爱和好评。尤其是他那别具一格的陕西风味小品给人留下了深刻的印象。自1987年第一次登上了春晚舞台，表演小品受到好评崭露头角后，他就成了春晚舞台上一个不可缺少的演员，从1993年到2010年每一届春晚都留下了他的身影。在春晚的舞台上，他常与蔡明搭档表演小品，他们俩已经携手表演了十一年，可以说是合作时间最长的"黄金搭档"。演父女，他们貌合神不离；演朋友，他们心中有默契；演夫妻，他们情同一家人。2010年春晚，他们的小品《家有毕业生》深受好评。郭达在小品界拥有很高的地位，他与赵本山、黄宏一起，被誉为中国小品的"三套车"。郭达在舞台上幽默诙谐，而在舞台下他一样风趣无比，总能用自己的独特的幽默感打动人，正如他自己说的"我在生活中和表演中一样幽默"。

有一次，郭达被请到广东参加一次大型演出。这场演出很隆重，郭达为此做了很多的准备。那天，他接受采访时，有一位记者忽然问他："郭达先生，有一些广东观众对小品节目很苛刻，你这次拿出什么杀手锏来'对付'这些苛刻的观众呢？"郭达一听，笑着说："多讲普通话！"全场顿时爆笑。

郭达是个乐善好施的人，他经常为慈善项目捐款，在2008年"5·12"汶川特大地震发生后，他马上捐出了15万元。虽然捐款大方，但是生活中郭达却是一个特别节俭的人。郭达家从来都是一水三用。洗完脸的水绝对不会倒掉，接着洗抹布，擦桌子，拖地，然后再冲厕所。每年夏天一到，他就开始穿上短裤，一穿上去就脱不下去，直到把短裤磨烂才肯罢休。有一天，蔡明开玩笑说："郭达，我就没看你穿过像样的裤子！"郭达风趣地说："肉磨了可以长，那裤子磨了还得买。"蔡明顿时捧腹大笑。

郭达总是在适当的时候机智地转移话题，面对观众的提问"你将使出什么杀手锏"时，他说："多讲普通话！"这句话看似普通，其实暗藏机锋，因为广东地区普通话还在普及阶段。面对蔡明提问，郭达不愧是大腕高手，并没有直接回答，而是用"大实话"来应对，这种转移话题、避实就虚的功夫实在是修炼到家了！

电影《孔子》在上海宣传时，周润发当场与众多媒体和影迷互动，尽可能地满足大家提问的要求，妙语连珠，插科打诨，令现场火爆异常。让风趣搞怪的发哥饰演儒雅博学的孔圣人，这个问题一直存在争议。尽管情况不容乐观，在面对现场媒体的一连串疑问，久经沙场的周润发还是可以轻松应对。

在访问期间，有记者提出一个尖锐的质疑："在拍摄《孔子》期间，有媒体说你享受'超级豪华'待遇，不仅5个助理不离左右，还要求入住高档复式公寓楼，还要专门租借高级房车，时刻不离身边，整部电影拍摄的3个月过程中，仅是你一个人的住宿、餐饮和出行等后勤耗费就高达37万元。有人说你这是要大牌和摆架子，对此你是怎么看的呢？"发布会现场一片寂静。周润发坦然说道："其实我坐什么车都可以啊，只要车能准时。我妈妈曾说了一句话很好，'当艺人就是在十字街头中间。'每个人从不同方向过来，看到的我都是不一样的。如果说我每个方向都要照顾到，那是不可能的。"

面对记者气势汹汹的质疑，周润发并没有生气。毕竟是观众给了明星鲜花和掌声，若言语不慎极有可能被媒体披露并借机炒作。周润发不愧是大腕高手，用他那"化骨绵掌"轻轻来了个"乾坤大挪移"，最后还乘胜追击，顺势诉了一把艺人的委屈。这种转移话题的幽默功夫实在是高明！

明星总是被媒体炒作，尤其是大明星，一举一动都在观众的视线范围内。面对媒体刁钻的问题，周润发凭借其在娱乐圈多年的经验，应付得游刃有余。在众多问题中，发哥挑选一题进行重点解答，用妈妈的话"教育"媒体："并非我选车，而是时间选择了车。"

随机应变巧救场

在人们的生活中，意外总是会随时发生的。这些毫无征兆的意外，让人们措手不及，陷入尴尬，如果不能及时、巧妙地化解，必将留下遗憾。作为主持人来说，一般都要求他们有很强的心理素质、头脑灵活、反应机敏，能化解意外情况进行补场、救场、圆场的基本素质。董卿是央视很受观众喜爱的著名主持人之一，既然是名主持人，就自然有名主持人的素质和风度。尤其是对突发情况的应变，最能体现这一点。

比如，邀请的嘉宾到了约定时间还迟迟不现身，这时候主持人既不能明确告诉观众实情，又不能简单地让观众耐心等待，有经验的主持人这时候就会发挥自己能说会道的长项，用讲笑话、做游戏、猜谜语、脑筋急转弯等形式保持观众的情绪。

2006年在上海浦东召开的某活动现场，眼看会议流程已到了某明星出场的时刻，却不见其踪影。在此后长达20多分钟的等待时间里，担任主持人的董卿展现自己能说会道的才华，救场成功。

她多次半开玩笑说："她怎么还不来，到底是不是住这个酒店？还是在来的路上？"，迟迟未见明星的身影，观众显然有些不耐烦，更有甚者将目光转移到现场的美女主持董卿身上。"董卿，你唱一个吧。"一听这话，董卿立刻机智回应："不行的，主持人是说得比唱得要好听。如果今天我唱了，明天各大报纸会说董卿说不好，只能现场卖唱了。"台下观众也"不甘示弱"："没关系，你比她名气还大呢。""那这样，我给大家出一道脑筋急转弯，答对了我就唱。"无奈之下，董卿只得现场出题，笑问大家："林黛玉是怎么死的？""摔死的"，台下数人异口同声，眼看已经没法推托，董卿只能清唱《但愿人长久》，虽然不是专业歌手，但她的歌声也让在场观众欢呼不已。

有了董卿的救场，某明星的迟到风波才得以平息。董卿现场调侃说，是某明星给了她唱歌的机会。

其实，诸如唱歌、脑筋急转弯等都应该是主持人日常的一种积累，在关键时刻才不会抓瞎。尽管唱歌可能比不上专业歌手，出的脑筋急转弯观众可能听过，但是，总比干巴巴坐等要强得多，所以，主持人有必要学习一些周旋拖延的技巧。

作为主持人，更重要的是要发挥"能说会道"的长项，分散观众的注意力，保持他们的情绪。这样，就能有效地消除突发情况带来的负面影响。

在2009年春晚首次彩排中，青年美声歌手王莉在上场的时候不慎摔倒，单膝跪地。虽然由于她的舞台经验丰富，没有影响到声音的效果，现场气氛未免显得尴尬。面对王莉的摔倒，董卿临时发挥说了这样一段话："刚才歌手王莉不小心摔倒，好在没影响到她的演出。其实春晚就是这样一个舞台，能站在这里的都是最优秀的演员，大家都是摔倒了又爬起来才走到这里的！"她通过幽默话语巧妙化解了尴尬气氛。

2009年，央视春晚进行第二次带观众联排也有技术意外，舞蹈《蝶恋花》需要LED屏幕的配合，在登场之前，电脑技术方面出现问题导致节目卡壳。董卿幽默地打圆场："这个技术是第一次应用到舞蹈中，既然是第一次，就要面临许多问题。我们稍等一下。我觉得今天现场的观众都是最幸运的，你们看到的这个（失误）是别的观众看不到的，是真正的幕后。"这也是通过幽默话语巧妙化解尴尬气氛。

这样类似的突发意外会将所有人的目光都聚焦过来，让发生意外的人更加紧张，乃至手足无措，如果处理不及时、不恰当，就很可能影响当事人的情绪，导致后面的程序发生混乱。作为主持人，这个时候不能袖手旁观，而应该巧妙、灵活地将意外化解掉，把人们的目光拉回到节目中去，保证整个节目的流畅和顺利进行。当然，化解发生意外的人的内心尴尬，平复他们的情绪，这一点也很重要。

如果说这样的突发意外至少在时间限制上还不是特别紧迫的话，那在时间限制非常严格的场合，如何将时间巧妙地用掉，还不让观众发现主持人是在有意消耗时间，就需要高深的功夫了。

在某年的元旦迎新晚会上，由于协调问题，在跨年钟声敲响前，突然空出了两分半钟的时间，需要董卿救场发挥。当董卿开始大方自如地自由发挥时，耳麦里突然传出导播的误判："不是两分半钟，只有一分半钟了。"董卿连忙调整语序，准备结束语，而此时耳麦里再度传来更正："不是一分半，还是两分半！"董卿临危不乱，走到舞台两头给观众深深鞠了两躬，表示节目组的感谢，这样一个小小的肢体停顿，让她在紧急中控制住了节奏，加上流畅的语言表达，成为主持学上一个完美的案例。

　　面对这样的突发事件，首先需要主持人有一个过硬的心理素质，这样才能稳住，然后反应还得快，才能开动脑筋想出对策。否则，自己先乱套了，自然说出来的话也就一塌糊涂了。

　　作为普通人，自然不可能像主持人一样受过专门的训练。但是，在生活中，这样的突发情况也是时不时出现的，遇到这种情况的时候，我们就要学会随机应变。

　　随机应变能力强的人，遇到困境时经常能自圆其说，补救失误；也能反击对方攻势，兵来将挡，水来土掩；还能应付意外，出色地完成任务。可以说，灵活地说话可以展现一个人的才能和智慧，也能增强一个人的魅力，使自己在人际交往中处于有利的位置。

　　《三国演义》第二十一回描写，刘备寄居曹操篱下，为怕引起曹操的猜疑，实行"韬晦"之计，在自己的住处后园里种起菜来了。不料曹操和他青梅煮酒论英雄，一语道破他"英雄"的真面目，刘备惊慌失措，手中筷子不觉落在地下。恰巧这时老天作美，雷声大作，刘备急中生智，以雷声巧妙掩饰而过。在这里，随机应变的能力救了他。

《三国演义》中表现随机应变的例子还很多，曹操拔刀行刺董卓，被发觉后随机应变，顺势改为献刀；曹操马惊踏农田，灵机一动来了个"割发代首"等，无不闪烁着随机应变的智慧之光。

应变是闪烁着才能、机智、胆略之光的高超艺术，没有统一的模式可循，没有固定的规律可依。随机的"机"是多种多样的：有天时，有地利，有人物，有事件，有情况，有势态……应变的"变"也是千姿百态的：可以迎难而上，可以另辟蹊径，可以寻求支援，可以等待时机，可以顺水推舟，可以置之不理……究竟如何？运用之妙，存乎一心。这里的共同点在于，都需要快速灵活的反应，都需要急中生智和临场发挥。

应变的能力可以通过后天的锻炼获得，它来自一个人广博的知识，卓越的见识，乐观的个性，非凡的性格，人情世故的练达，超凡脱俗的洞察判断能力，是经过长期的生活和工作锤炼而凝成的。

此外，保持镇定很重要。很多时候，尴尬场合、尴尬局面的出现，往往就是刹那间的事，或者仅仅就是几句话的事。如果大惊失色，难以应付，可能就会紧张失措，乱上添乱。但若能在心理上保持平衡和稳定，神色不改、镇静自若地面对出现的问题，就能巧妙机智地应付尴尬。

面对挑衅，巧妙还击

社交场上，我们难免偶尔受到心直口快的人的冒犯，甚至不怀好意之人的存心刁难。这时候，首先不能夹着尾巴抽身而退，逃避只会变成他人的笑柄；但也不可一本正经地动脾气"真刀真枪"回击对方。面对言语挑衅，要意识到那是对方设下了圈套，应当避免正面交锋，绕道幽默还击。

幽默还击是指在言语交际过程中，面对对方的出言不逊，说话人巧妙利用对方说过的话语，并对其中的关键词加以发挥，进而将对方的戏谑、嘲讽、辱骂之意原样返还给对方的一种言语技巧；简言之便是，"以其人之'骂'，还治其人之身"。

任何人只要有心，都可以用巧妙有趣的话语和方式缓解矛盾，回击挑衅。在一辆行进中的公共汽车上，由于车子突然急刹车，车厢里有个人猝不及防，撞到一个姑娘身上。姑娘责怪他说："德性！"那个人立刻解释道："对不起，这和'德性'无关，是'惯性'！"这句话立即引起乘客们的一阵笑声。"德性"是骂人缺德，如果那个人怼她一句不好听的话，很可能引起争吵，使双方陷入更加窘迫的境地。

幽默还击首先要有控制情绪的能力，哪怕再生气也要假装淡定，面不露愠色，在气度上镇住对方；接着，冷静思索，找对方的漏洞，以幽默的语言"还治其人之身"。

美国前总统里根曾当过电影演员，一些对中国制度有偏见的人，便以此为话题，经常调侃中国演员。在一次记者招待会上，一位西方记者问侯宝林："请问，大师，里根是个演员，但是他当了总统，您认为您能有此殊荣吗？"这显然是一种挑逗性的讥讽。侯宝林平静地说："里根是二流演员，而我是一流的。"说得那位西方记者无言可答。

利剑穿上幽默的外衣企图刺伤侯宝林，侯宝林不仅躲闪了过去，又用它去反击。外国记者明显是在讽刺相声大师不如自己国家的演员有前途，面对这种挑衅，侯宝林告诉他，之所以里根可以从电影演员成为总统，是因为他演技不成熟，而自己则是一名专业的相声演员。以牙还牙地回击，不失风度，又充分显示了大师风范。

孙红雷的演技精湛，他的表演几乎得到了所有人的赞许，他表演的角色形象总是很到位。在拍那部被誉为"中国工人平民史诗"的电视剧《大工匠》时，他出演主角杨老三。其中有一段是装疯的戏，内容大致是杨老三被屈打成招成了强奸犯只好装疯。那段戏导演没有设置台词，也放弃其他的设计，就是想特意表现出主人翁的装疯和被刺激的歇斯底里。那段戏孙红雷演得很好，一气呵成。在演的过程中，他摸着一个群众演员老太太的头说："孩子你长大了。"那位老太太眼神顿时充满恐惧。孙红雷当时暗自叫好，说这老太太演得可真好。演完后，副导演对他说："你把那老太太吓坏了，她还以为你真疯了"，他笑得差点岔气。

后来，有记者采访他说："听说你演了一段疯戏演得特别好，能不能现在给我们表演一下疯子的样子？"孙红雷眼睛一转说："那段戏里边还有老太太呢，你演老太太我就演疯子。"说完他四下张望着说，"有板砖吗？还有板砖拍老太太的镜头呢。"记者一下子被雷倒了。

孙红雷在面对记者突如其来有意无意地刁难时，并没有勃然大怒，让记者下不来台，而是顺着记者有意扯出来的那段往事，顺水推舟，借力打力说让记者扮演老太太，甚至进一步夸张地提出让他挨板砖。此举既给这位记者找个台阶让他知难而退，也化解了尴尬，让自己巧妙解困。

在演完《大工匠》这部戏后，记者采访孙红雷时突然发难，问道："你认为自己和刘佩琦谁演戏好？"

孙红雷不慌不忙，带着他那习惯性的坏笑反问："那你喜欢谁呢？"

记者话里有话地说："今天就你来了，当然喜欢你了。"

孙红雷哈哈大笑："刘佩琦在牡丹江拍戏呢，估计起码也得后天才能到，反正他也来不了，那我就说我演戏好呗。"

孙红雷借着记者的发问之水，把自己的舟悄悄推出，把他提出的问题像球一样踢给对方，不仅没有掉入记者设下的套，反而把他套进去了，从而达到了解围的效果。

在2005年7月的时候，由孙红雷和陆毅联袂主演的电影《七剑》即将公映。那天，他和陆毅一起奔赴成都参加当地的影迷见面会。在会上，孙红雷和陆毅这对老搭档开始互相开涮。孙红雷以老搭档的口气指着陆毅的脑壳说："哎呀！我从来没见过陆毅这么土。"

陆毅也顺水推舟地自嘲："嘿嘿！就是，因为我戴了个帽子，还被笑是叉烧包！"

话音刚落，誓要搞晕全场的孙红雷迅速接嘴："那我没戴帽子，岂不是一罐午餐肉？"全场顿时爆笑。

孙红雷首先发难，戏谑地说陆毅土，陆毅反应机敏，以着装作比，不仅不失幽默感，气氛迅速火热。孙红雷推波助澜，继续借陆毅的话做比，当真是一波未平，一波又起。

幽默还击的最大特点是"含不尽之意见于言外"——将最具反击之力的"骂"语并不说出；因而，它较之于直白的"对骂"，不仅能取得钝化锋芒、缓和矛盾之效，而且更可见应对者的修养和智慧。骂人而不带脏字，且还能令辱人者自取其辱。

幽默反击之贵，贵在敛对方锋芒，发自己的利剑。聪明的反击不仅让对手吃个哑巴亏，完美地维护自己的尊严和利益，有时还能活跃气氛，化解较为敌对难堪的局面。如果你只会锋芒毕现地反击回去，将对方堵得无话可说，场上的气氛也僵硬了下来，那你并不是聪明的。真正的胜利是在谈笑间化解一切难题，表面看来似乎什么都没改变，但对方已被你折服。

自己的问题自己圆

俗话说，"人有失足，马有乱蹄"，谁都会有失误，每个人也都是在一次次的错误中成长起来的。播音员、主持人也不例外，虽然他们有着超人的口才和临场应变能力，但是面对亿万观众，总难免出现一些口误。有些口误并不会引起人们的注意，但有些口误就会让所有人都目瞪口呆，遇到这样的情况，就要看主持人怎么给自己圆回来了，这也是最考验他们口才的时刻。

中央电视台著名主持人董卿一直有着超强的亲和力，深得观众的喜爱。在中央电视台2009年春节联欢晚会上，在为相声《新五官争功》报幕时，将"马先生的儿子马东"说成了"马先生的儿子马季"，引起舆论大哗。

由于马季的知名度，使得董卿的这次口误看起来不可原谅。尽管大多数的观众表示了对她的理解，但是对一个优秀的主持人来说，仅仅得到观众的理解是远远不够的，如果不能利用机会将这次口误化解掉，圆好了，那很可能给自己带来长久的、很大的心理影响。因此，董卿抓住了机会巧妙为自己圆了这次口误。

在这一年的在元宵晚会上，董卿也悄悄地耍了一把"小心思"。元宵晚会上，《新五官争功》原班人马再出山，又带来群口相声《五官评春晚》。也许是导演组刻意安排，也许是董卿主动提出，总之他们出场前的串词还是由董卿来报。只见她面带微笑，放缓语速，刻意在"马先生的儿子"后面拖长了音，并且加重了音调才接着说出后面的"马东"二字，引来观众会心一笑。

随后马东一登台，也略带调侃地说："为了我们爷儿俩这名字呀，董卿连年都没过好，辛苦了！"这一搭一唱，既弥补了春晚上主持人小失误的遗憾，也算是用"小心思"巧妙地给观众道了个歉。

董卿在这次口误事件的处理上，无疑是聪明和成功的。

1. 选择的时机很好。元宵晚会距离春节晚会也就半个月的时间，大家的关注点还在，很有些顺势而为的味道。否则，如果半年后找机会来圆，就会让人感到有些作秀和刻意了。

2. 处理手法很巧妙。同样的串词，巧妙地在导致口误的地方拉长音，放缓节奏，提起了观众的注意，大家都在竖着耳朵听后面会出现"马季"还是"马东"呢，然后她正确地接好后面的"马东"二字，让观众会心一笑。这就有点儿一切尽在不言中的味道了，轻描淡写中将口误的影响化于无形。她自己也在这一缓一接中，圆了自己的口误，救赎了自己的内心，事情也就到此圆满终结了。这就是董卿口才的完美体现。

事实上，口误在我们的生活中非常常见，一般生活中的口误也无伤大雅，相反还会博人一笑。如果在一些较为正式的场合出现了口误，不能及时、巧妙地圆回来，那就会导致严重的后果。而那些思维和语言机敏者却能自圆其说，化险为夷，甚至变"废"为宝。

司马昭与阮籍有一次同上早朝，忽然有侍者前来报告："有人杀死了母亲！"素来放荡不羁的阮籍信口开河："杀父亲也就罢了，怎么能杀母亲呢？"此言一出，满朝文武哗然，认为他"抵牾孝道"。知道口误后的阮籍自有妙释："我的意思是说，禽兽知其母而不知其父。杀父就如同禽兽，杀母呢？那就连禽兽都不如了。"说得众人无可辩驳，阮籍也免去了杀身之祸。阮籍对口误的化解，比喻精当，真可谓四两拨千斤。

那么，在遇到口误时，该如何"绝处逢生"呢？

1. 借意转述。

有一次，在一个热闹非凡的婚礼上，女主持人在宴会的中途竟出现了不可原谅的口误："各位来宾，今晚为新郎新娘送来花圈祝福的还有……"这还得了，如此喜庆的场面，居然说出这等不祥之言！顿时，整个热烈的场面一片寂然，众人相视，空气简直凝固了。男主持人低声提醒女主持人，说溜了嘴，可老到的女主持人不慌不忙："很抱歉，我原以为美丽的新娘是朝鲜族人，因为韩国人结婚时亲友都送花……（双手合抱，意味着'圈'字）。"

借他义而加以转述，成功地帮女主持人"解围"。

女主持人借用另一层他类义项来诠释巧解因口误产生的"麻烦"，从而"死"里逃生，走出窘境。

2. 超句补救。

一次，上海东方电视台著名节目主持人袁鸣应邀到海口市主持"狮子楼京剧团"建团庆典。一上场，袁鸣就闹了个口误："现在我荣幸地向大家介绍光临狮子楼京剧建团庆典的各位来宾——今天参加庆典的有……海南师范学院党委书记南新燕小姐！"这时，台下缓缓站起一位白发苍苍的老教授！全场沉寂之后是一片哄笑……

袁鸣倒是很沉着，马上接着说："对不起，我这是望文生义了——不过，南教授的名字实在是太有诗意了。一见到南新燕三个字，我立刻想起两句诗：'旧时王谢堂前燕，飞入寻常百姓家'，这南飞的新燕是一幅多么美丽的图画！就像我们今天的情景：京剧一度是清末的宫廷艺术，是流行于我国北方的戏曲，但是现在已经从北方流传到南方，跨过琼州海峡，飞到海南——这又是一幅多么美妙的图画呀……"（顿时掌声、欢呼声四起）。

口误一旦出现，就像泼出去的水，是收不回来的。而面对口误，用超出"口误"句子本没有的句意作延伸式的巧妙解释，倒不失为上等之策。

袁鸣的巧妙之处在于：她在口误的同时，顺题立意，快速完成了新的命题构思——浓墨重彩描绘了两幅画面：一是古诗之画，意在赞美老教授名字寓有诗意；一是现实之画，扣住京剧历史的话题，紧密联系"狮子楼京剧团"的成立庆典的现场语境，天衣无缝。

3. 将错就错。

某次婚宴上，来宾济济，争着向新人祝福。新人的介绍人激动地说道："走过了恋爱的季节，就步入了婚姻的漫漫旅途，感情的世界常需要润滑，你们现在就好比是一台旧机器……"

原本，他想说的是"新机器"，却因为一时紧张说错了，令举座哗然。一对新人更是莫名其妙。介绍人也发觉说错了话，他马上镇定下来，略一思索，不慌不忙补上一句："已经过了磨合期。"此言一出，大家都说："原来如此，这个比喻用得好。"他又适时地加上一句："让我们大家一起祝愿新郎新娘永远沐浴在爱的春风里。"这时，大厅内掌声雷动，一对新人的脸上也笑开了花。

所谓将错就错，就是在错话说出口之后，不动声色，巧妙地将错话继续接下去，使听者不由自主地转移原先的思路，不自觉地顺着说者的思维而思考，随着说者的话语而调动情感，最后达到纠错的目的。

过人的智慧很重要

很多人发现，近年来实力派主持人开始占据一席之地，甚至越来越得到观众的喜爱，那些帅男靓女型的主持人反倒不怎么能吸引人们的眼球了。其实，这种现象很容易理解，主持人不再是一个花瓶，不再是念别人写好的稿子，观众希望看到那些真正有能力、有实力、有底蕴的主持人，用他们的智慧来主持节目，形象倒在其次。

在中央电视台知名的主持人中，张越也是一个"另类"。她的形象很普通，甚至光看形象怎么也和主持人联系不起来，但是她很受观众的欢迎和喜爱，因为她优雅睿智，因为她过人的智慧。

在一次采访中，她这样评价自己的形象：

"人生几何，对肉当吃，朋友们都说我是在用肚子思考而不是用脑子。"

巧妙的套用，让人们看到了她的洒脱和睿智。"用肚子思考而不是用脑子"形象而含蓄地说明了自己的体形状况以及原因。

"我的减肥是一场闹剧。我特贪吃，当了6年老师，我几乎没存下什么钱，别人的钱是存银行，我的钱，全存进了肠胃。"

"别人的钱是存银行，我的钱，全存进了肠胃。"形象而生动地说明了自己缺乏减肥的毅力，最后以失败告终。

如果说对自己形象的趣说展现了她的直爽和洒脱，那么，她的智慧是她能够赢得众多观众的根本。

在某次演讲中，张越一上台就说：

"很多年前，我被称为最另类的主持人，因为我很胖。现在，我被观众批评太过保守——因为我没有爆炸头。"

自信、自嘲、针砭时弊，这样的语言显然是有所指的，但是又很含蓄，让人感觉到了警醒却不难听。简简单单地将"很多年前"和"现在"做对比，就彰显了主题。

就个性问题，张越有着自己的看法，在她看来，电视的多元化发展，给主持人带来最直接的改变就是个性化成为追求的目标，她说：

"大家都希望有强烈的个人风格，能让观众记住。"

于是，穿花里胡哨的衣服、装扮搞怪的发型、刻意的手势等，都成了主持人塑造自身风格的主动选择。

刻意塑造的个性太外化了，反而没有个性。

很多主持人都很与时俱进，任何流行元素都可能第一时间在他们的身上出现，但是这样的东西无法成为风格的一部分。风格是需要时间来铸就的，流行的也并不一定就是最好的，重要的是适不适合自己。

张越就穿着简单的衣服、化着简单的妆，剪着短头发——这么多年下来，这反而成了她的标志。因此，她感叹说："其实，主持人真正的个性应该是内在个性——他（她）应该有独特的世界观、自己的想法。可惜，这种能让我们眼前一亮的主持人，太少了。"

事实上，这样的要求不仅是时代的要求，也是观众的要求，更是主持人对自身的要求。一个人有自己内心的东西，才会与众不同。同时，张越也表达了自己的担忧——这样的主持人太少了。

"许多主持人非常强调个人姿态，觉得我火了就行。其实，这样的个性是难以持续的。"

这句话的用意很明显，如果一个主持人火了，而不再往里面添柴，那这个火也是持续不了多长时间的。

这个道理，张越用自身作例子说明：

"我最早做节目的时候，喜欢很清楚地表达自己的观点，最好与嘉宾对着干。"

那时的张越有着和现在许多主持人一样的心态——她是主角，她在乎大家有没有看到她咄咄逼人、出口成章的能力。

"我一开口就出口成章，那位嘉宾被我的气势吓倒了，一直在擦汗，还哆嗦，话也说不完整。我遇强则强，这一下子反而没了招数。但我觉得他这样的反应挺真实的。"

原本要被"拿下"的这期访谈在张越坚持下播出，成了那个阶段张越最火、评价最高的节目。但是，张越并没有沾沾自喜，她觉得这样的思路是不对的，于是开始了新的探索。

一个人认识别人比认识自己要容易一些，但是认识自己则能真正得到提高。张越做到了，她也实现了对自身的提高。

张越在《半边天》中主持的《张越访谈》之所以成功，屡获大奖，和她上面谈到的个性有很大的关系，同时也和她对自己的明确定位有着密不可分的关系。一提到张越，大家就会想到《半边天》。在张越看来，这样的联想证明了自己的成功，对此，她说："主持人的个性应该与节目风格相融合。但可惜的是，现在更多的主持人抢风头，彰显的也仅仅是外在的个性。"

简简单单一句话就道出了真正的原因。很多主持人的节目之所以不成功，除了自身的底蕴外，很重要的一点是他们把自己当主角，把嘉宾当配角。

张越认为，在中国，目前许多主持人都太过强势，压抑了嘉宾的光芒，这是非常不可取的，她说："要知道，嘉宾才是主角，主持人的作用是保护嘉宾，让他打开自己，最真实地袒露自己，节目才好看。"

非同一般的认识，明确清晰的自我定位，这就是睿智的体现。

有了这样的认识，张越自然能够在节目中处理好主持人和嘉宾的关系，从而呈现给观众高质量的节目，她的节目受欢迎也就不足为奇了。

张越的智慧不仅深受观众的喜爱，就连很多的同行也给予她很高的评价，有媒体盛赞她："机智、聪明、聪慧、知识型、丰富阅历型女主持人，当她微笑着倾听时，感觉她有一种优雅的迷人魅力。"下面是她接受北京晨报记者采访的对话。

记者：你觉得自己还有缺憾吗？

张越：有。比如，我可能会对受访者表现得非常关怀和关心，因为我觉得他真不容易，他的状况让我特别难受，我变得特别小心，很想保护对方，但是播出之后人们会说："怎么跟演的似的？"其实真不是演的，是我内心的真实流露。后来我觉得，之所以这样，还是因为你骨子里有一种优越感，居高临下，还是一种混得好的人对一个混得不好的人的悲悯。所以我依然不是一个特别职业化的谈话者，当然如果职业化了，就面临着激情的丧失。

坦诚来自自信，自信来自认识，对自我的清醒认识。她知道问题出在哪儿，知道问题的原因，所以她能很快做出调整。这一点没有聪慧的头脑是做不到的。

记者：你的节目会有改变吗？一般电视或者报纸过一段时间就要改版、变样，这是规律。

张越：以前我每过半年就要闹腾着改版，因为心里没底，老觉得什么东西没表现出来，老想在形式上找辙儿来弥补。现在心里不闹了，因为节目来自生活，内容大于形式，如果观众喜欢我就谈下去，如果不喜欢，要更加花哨的、演绎的，我就不做了，否则我会一直做下去，直到我做不动了。

浅显的语言说明的是深刻的道理，一个"闹"字将心理状态表现得淋漓尽致。

记者：你觉得他们为什么肯把很多隐私告诉你？

张越：我相信，如果是我以前的风格，那样的问题肯定会被回绝的。我以前，包括现在很多节目主持人，总给人一个感觉：主持人是厨师，受访者是菜，主持人在"做"他们，这盘菜"做"好了，端出去就是厨师的脸面，没人会心甘情愿被你"做"，人家为什么要回答那些连你都不忍心提出的问题？

现在，我们在做节目之前就已经"滚"到了对方的生活中，经历和被采访者一样的悲欢苦乐，非常诚恳，对方不再是一盘"菜"。所以现在的我敢和嘉宾争执，这种争执和以前不一样，以前是抖机灵，我要显得比你高明、聪明，得表现出犀利。现在的争执可能是更根本、更尖锐的，我和被采访者的人生态度不同，但是我们是平等的，谁也没有优越感。

"主持人是厨师，受访者是菜，主持人在'做'他们"，形象的比喻，真诚地表达了主持人和嘉宾的关系，同时也体现了浓浓的人文情怀。

一个"滚"字体现了深入、贴近、关怀、同心、感同身受、情感共通。做到了这些，把嘉宾当成了"自己人"，自然就可以争执和平等了。

张越有着深厚的文学积淀，这让她的采访显得文化味很浓，也因为如此，让人们更加感知她精妙的语言和睿智的思想。

第三章

大胆说不，别让不懂回绝害了你

在实际生活、工作中，人们经常会遇到别人向自己提出问题和要求的情况，然而有些提问题和要求的人是你不喜欢的，抑或是有些人提出了让你难以接受的问题和要求。当处于这种尴尬的情境之中时，面对无法正面回答的问题，我们要学会拒绝。

不能回答的问题，大胆说不

美国总统尼克松在一次接受记者采访时，有位记者提问道："我们有多少潜艇导弹配置了分导式多弹头？配置了分导式多弹头的'民兵'导弹有多少？"

尼克松回答说："正在配置分导式多弹头的'民兵'导弹有多少我不知道，潜艇导弹的数目我是知道的，我想知道，这些数目是不是保密的？"

这位记者连忙说："不是保密的。"

尼克松笑着说："既然不是保密的，那你说是多少呢？"

另一位记者赶紧说："这些数目是保密的。"

尼克松说："既然是保密的，我就不能说出来了。"

面对棘手的、无法正面回答的问题，我们要学会拒绝。尼克松可以选择直接拒绝，如"这是国家机密，我拒绝回答"。但是，这种直接拒绝很容易导致沟通陷入中断，因此尼克松选择了更加高明的回答方式，既拒绝回答问题，又缓解了气氛，保证了沟通的顺畅进行。

现实生活中，我们也总能遇到别人当众问一些涉及个人隐私等尴尬的问题，这些问题在众目睽睽之下被对方提出来，不回答又显得没礼貌，甚至还会被认为是无能的一种表现，这时候学会如何巧妙地拒绝，就十分重要了。

不妨从以下几点着手来练习，会让你掌握说"不"的技巧。

1. 在别人提出要求前做好说"不"的准备。

那些在别人不论提出多么不合理的要求时很难说"不"的人，通常是由于以下一种或几种原因：

（1）对自己的判断力缺乏自信，不知道什么是应该做的，什么是别人不该期望自己做的。

（2）渴望讨别人喜欢，担心拒绝别人的请求会让人把自己看扁了。

（3）对自己能成功地负起多少责任认识不清。

（4）具有完善的道德标准，他们会为"拒绝帮助"别人而感到罪过。

（5）觉得自己低人一等，因而把别人看成是能控制自己的"权威人士"。

然而，不论出于何种理由，这些不敢说"不"的人通常承认自己受感情所支配。不管过去的经历如何，他们从未在别人提出要求时有一个准备好的答复。

假如发现自己的拒绝是完全公平合理之时都很难启齿说"不"，那么请用以下这些方法帮助你自己：

（1）在别人可能向你提出不能接受的要求之前做好准备。

（2）把你的答复预先演习一遍，准备三至四套可使用的句子（例如："对不起，我这几天对此只能说'不'""我正忙得脚底朝天呢。"）对着自己大声练习几遍。

（3）当你说"不"时，别编造借口。如果你有理由拒绝而且想把理由告诉别人，是很好的。要简洁明了，一语破的。但你不必硬找理由。你有充分的权力说"不"。

（4）在说出"不"之后要坚持，假如举棋不定，别人会认为可以说服你改变主意。

（5）在说出"不"之后千万别有负罪感。

2．用推脱表示"不"。

一位客人请求你替他换个房间，你可以说："对不起，这得值班经理决定，他现在不在。"

你和妻子一块上街，妻子看到一件漂亮的连衣裙，很想买，你可以拍拍衣袋："糟糕，我忘了带钱包。"

有人想找你谈话，你看看表："对不起，我还要参加一个会，改天行吗？"

3．用沉默表示"不"。

当别人问："你喜欢阿兰德隆吗？"你心里并不喜欢，这时，你可以不表态，或者一笑置之，别人即会明白。

一位不大熟识的朋友邀请你参加晚会，送来请帖，你可以不予回复。它本身说明，你不愿参加这样的活动。

4．用拖延表示"不"。

一位女友想和你约会。她在电话里问你："今天晚上八点钟去跳舞，好吗？"你可以回答："明天再约吧，到时候我给你去电话。"你的同事约你星期天去钓鱼，你不想去，可以这样回答："其实我是个钓鱼迷，可自从成了家，星期天就被妻子没收啦!"

5．用回避表示"不"。

你和朋友去看了一部拙劣的武打片，出影院后，朋友问："你觉得这部片子怎么样？"你可以回答："我更喜欢抒情点的片子。"

你正发烧，但不想告诉朋友，以免引起担心。朋友关心地问："你测试体温了吗？"你说："不要紧，今天天气不太好。"

6. 用反诘表示"不"。

你和别人一起谈论国家大事。当对方问："你是否认为物价增长过快？"你可以回答："那么你认为增长太慢了吗？"

你的恋人问："你讨厌我吗？"你可以回答："你认为我讨厌你吗？"

7. 用客气表示"不"。

当别人送礼品给你，而你又不能接受的情况下，你可以客气地回绝：一是说客气话；二是表示受宠若惊，不敢领受；三是强调对方留着它会有更多的用途等。

8. 用外交辞令说"不"。

外交官们在遇到他们不想回答或不愿回答的问题时，总是用一句话来搪塞："无可奉告"。生活中，当我们暂时无法说"是与不是"时，也可用这句话。还可以说些搪塞话："天知道。""事实会告诉你的。""这个嘛，难说。"等等。

9. 以友好、热情的方式说"不"。

一位作家想同某教授交朋友。作家热情地说："今晚我请你共进晚餐，你愿意吗？"不巧教授正忙于准备学术报告会的讲稿，实在抽不出时间。于是，他亲热地笑了笑，带着歉意说："对你的邀请，我感到非常荣幸，可是我正忙于准备讲稿，实在无法脱身，十分抱歉!"他的拒绝是有礼貌而且愉快的，但又是那么干脆。

10. 避免只针对对方一人。

某造纸厂的推销员上某单位推销纸张。推销员找到他熟悉的这个单位的总务处长，恳请他订货。总务处长彬彬有礼地说："实在对不起，我们单位已同某国有控股造纸厂签订了长期购买合同，单位规定再不向其他任何单位购买纸张了，我也应按照规定办。"因为总务处长讲的是任何单位，就不仅仅针对这个造纸厂了。

当我们羞于说"不"的时候，请恰当地运用上述方法吧。但是，在处理重大事务时，来不得半点含糊，应当明确说"不"。

拒绝也需要幽默

毕达哥拉斯说过：最短、最老的字——"好"或"不"——需要最慎重考虑。

有一个乐师，被熟人邀请到某夜总会乐队工作。乐师嫌薪水低，打算立即拒绝。但想起以往受过对方照顾，不便断然拒绝，便心生一计，先说些笑话，然后一本正经地说：

"如果能使夜总会生意兴隆，即使奉献生命，在下也在所不辞。"

此时夜总会老板自然还是一副笑脸，乐师抓住机会立刻板起面孔说："你觉得什么地方好笑？我知道你笑我。

你看扁我，不尊重我，这次协议不用再提，再见！"这样，乐师假装生气，转身便走，老板却不知该如何待他，虽生悔意，但为时已晚。

在生活中，有很多我们不想面对的事情，要出其不意地敲他一下，以便打退对方。若缺乏机会，不妨制造机会，先使对方兴高采烈，使用幽默的语言，然后趁对方缺乏心理准备，脸仍在笑嘻嘻时，找到借口及时退出，达到拒绝的目的。 想想看，当你必须说"不"时，你有多少次说了"好"？你是不是怕拒绝伤害别人的感情所以很快地、本能地说了"好"，等到事后又后悔自己的所作所为？你是不是个只会说"好"却又不能照顾自己，整天带着叹息与别人相处的人？

明朝郭子章所著《谐语》里说，有朋友求在朝中当官的苏东坡为他谋个差使，苏东坡就幽默地回绝了他。苏东坡对来求他的这个朋友说："以前有个盗墓人，掘了第一个墓，内为一个赤身裸体的人，是主张裸体下葬的王阳孙；掘了第二个墓，掘出了汉文帝，这个皇帝是不准随葬金银玉器的；第三个墓里掘出了饿死在首阳山的伯夷；盗墓人还想继续掘第四个墓，伯夷说：'别费心了，我弟弟叔齐也无门路！'"有所求的人听了这个故事，知趣地走了。

可见回绝也需要幽默。无论别人对你的要求是听从还是反对，你都有权力说"不"，只有这样，你才能顾及自己的实际情况，同时以真诚的态度面对对方。索尔仁尼琴的小说《癌症楼》上有下面这样一段对话：

薇拉·科尔尼利耶夫娜宣布说："科斯托格洛托夫，从今天起您担任病房里的组长。"

科斯托格洛托夫态度非常友好地说："薇拉·科尔尼利耶夫娜!您是想让我在道义上蒙受不可弥补的损失。任何一个当官的都免不了要犯错误，而有时还会权迷心窍。因此，经过多年的反复思考，我发誓不再担任什么行政职务。"

"那就是说，您曾经担任过，对吗？而且，职务还挺高，是吧？"

"最高职务是副排长。不过实际职务还高些。我们的排长因为实在迟钝和无能被送去进修，进修出来之后至少得当个炮兵连长，但不再回到我们炮兵营。因为我是个挺棒的测绘兵，小伙子们也都听我的。这样，我虽然只有上士军衔，却担任了两年代理排长。"

"既然是这样，您何必推辞呢？如今这差使也会使您满意的。"

"这真是妙不可言的逻辑——会使我满意!而民主呢？您岂不是在践踏民主原则：病房的人又没选我，选举人连我的履历也不知道……顺便说说，您也不知道……"

富有幽默感的奥列格是一个懂得拒绝的人。他婉言谢绝了薇拉要他担任临时的病房里的组长的建议。他首先摆出自己谢绝的理由，并让被拒绝者完全认同了这些理由。总之，好的婉言谢绝往往产生幽默的笑声。而当你带着幽默的态度去拒绝自己力不能及的事情的时候，很自然地就会产生委婉曲折富有说服力的幽默故事。

如果会话在轻松的气氛中进行，自然能够酝酿出快乐的氛围。虽然是同样的意思，如果说"这个我不喜欢"或是"那个我不喜欢"，感觉上则相差甚远。

俄国著名寓言作家克雷洛夫生活穷困，租了一间房子，房东要他在房契上写明，一旦失火，烧了房子，他就要赔偿15000卢布。克雷洛夫看了看租约，不动声色地在15000后面加了一个零。房东高兴坏了："什么，15万卢布！""是啊！反正一样是赔不起。"克雷洛夫说完大笑起来。

看看萧伯纳是如何拒绝的：

萧伯纳有一次收到一个小姑娘的来信："你是我最敬佩的作家，为了表示敬意，我打算用你的名字来命名我的小狗，你同意吗？"

萧伯纳回信说："亲爱的孩子，读了来信，颇觉有趣，我赞成你的想法，但重要的是，你必须同你的小狗商量一下，看它是否同意。"

用萧伯纳的名字给狗命名，这在小姑娘看来是出于敬意，但在萧伯纳看来，恐怕就不是这回事了，尽管狗在西方是宠物，但作为一个成人，作为一个作家，又不便直接回绝一个孩子，于是自己装作同意，但又提出一个事实上不可能的条件，要小姑娘和"小狗商量一下，看它是否同意"，小狗不会说话，如何能同意呢？

一个人要会说"好"，也要在该拒绝的时候会说"不"。不会说"不"，你就不是一个品格完整的人，你会变成一个不情愿的奴隶，你会成为别人的需要和欲望下的牺牲品。

学会拒绝，让生活更轻松

在人际交往中，基于某种原因不愿意或不便把自己的真实想法告诉对方时，用"敷衍的拒绝，含糊的回避"来应对可帮你渡过难关，如果运用得好不但拒绝了他人，还会取得良好的效果。

有个关于庄子向监河侯借钱的故事，监河侯敷衍他，含糊地说："好！再过一段时间，等我去收租，收齐了，就借给你三百两银子。"监河侯的敷衍真是很有水平，不直接说不借，也不说马上就借给他，而是说过一段时间收租收齐后再借。

这话有三层意思：一是目前我没有钱，还不能借给你；二是我并不是富人；三是过一段时间，表示时间并不明确说明，到时借不借还是另一说。

庄子听后已经很明白了。监河侯用这种方法拒绝庄子，他不会怨恨什么，因为监河侯并没有说不借给他，只是过一段时间再说而已，还是有可能会借的。

人处在一个复杂的社会背景中，互相制约的因素有很多，为什么不选择一个盾牌挡一挡呢？当你不便说出自己真正拒绝的原因时，含糊而敷衍地拒绝他人是一种不错的选择。

比如你是一个领导班子的成员之一，若有人托你办事，你就可以说："我们单位是集体领导，类似这样的情况，需要大家讨论才能决定。不过，以前像这样的事都很难通过，最好还是别抱很大的希望，如果你坚持这样做的话，待大家讨论后再说，我个人说了不算数。"这就是推托之辞，把矛盾引向了另外的地方，即"不是我不给你办，而是我办不了"。

听到这样的话，对方一般都要打退堂鼓："那好吧，既然是这样，也不难为你了，我再想别的办法吧！"

比如有人对你说："今晚我请客，一定要来呀！"

"真不凑巧，今晚正好有事，下次一定来。"下次是什么时候，并没有说一个明确的时间，实际上给对方的是一个含糊不清的答案。对方若是聪明人，一定会听出其中的意思，就不会强人所难了。

任何人都有得到别人理解与帮助的需要，任何人也都常常会收到来自别人的请求和希望。可是，在现实生活中，谁也无法做到有求必应，所以，掌握说好"不"的分寸和技巧就显得很有必要。

不要立刻就拒绝：立刻拒绝，会让人觉得你是一个冷漠无情的人，甚至觉得你对他有成见。

不要轻易地拒绝：有时候轻易地拒绝别人，会失去许多帮助别人、获得友谊的机会。

不要在盛怒下拒绝：盛怒之下拒绝别人，容易在语言上对别人造成伤害，让人觉得你一点同情心都没有。

不要随便地拒绝：太随便地拒绝，别人会觉得你并不重视他，容易引起别人反感。

不要无情地拒绝：无情地拒绝就是表情冷漠，语气严峻，毫无通融的余地，会令人很难堪，甚至反目成仇。

要面带笑容地拒绝：拒绝的时候，应面带微笑，态度要庄重，让别人感受到你对他的尊重，就算被你拒绝了，也能欣然接受。

要有代替地拒绝：你对我请求的这一点我帮不上忙，我用另外一种方法来帮助你，这样一来，他还是会很感谢你的。

要有出路地拒绝：在拒绝的时候，如果能提供一些其他的方法，帮他人想出一些更好的出路，实际上还是帮了他的忙。

下面是几种简而易行的拒绝方法：

谢绝法：对不起，这样做很可能不合适。

婉拒法：哦，原来是这样，很可能是我还没有想好，那么考虑一下再说吧。

不卑不亢法：哦，现在我终于明白了，你最好去找对这件事更感兴趣的人，好吗？

幽默法：啊，实在对不起，今天我正好有事，这次也只好当逃兵了。

无言法：运用摆手、摇头、耸肩、皱眉、转身等肢体语言和否定的表情来表示自己对此件事情的态度。

缓冲法：哦，请让我再同朋友商量一下，你也再仔细地想一想，过几天再做决定好吗？

回避法：今天咱们先不谈这个，还是说说你关心的另一件事吧。

严词拒绝法：这样做绝对不行，我已经想好了，你不用再费口舌了！

补偿法：实在对不起，这件事我实在爱莫能助了，不过，我可帮你做另一件事！

借力法：你可以问问他，他可以作证，我可是从来都没有干过这样的事情！

自护法：你为我想想，我怎么能去做这种没把握的事情呢？你是想让我出洋相吗？

如果你学会了拒绝的艺术，自然就能减少许多心理上的紧张与压力，同时还可以表现出自己人格的独特性，也就不至于使自己在广泛的人际交往中陷于被动的状态，你的生活就会变得更为轻松、潇洒。

委婉的拒绝不伤面子

委婉的拒绝能给人留下足够的面子，可以把伤害减小到最低，不影响双方的关系。那么如何委婉地拒绝呢？

1. 先表明态度。

有的人对于要拒绝或是接受，在态度上常表现得暧昧不明，而造成对方一种期待。虽然想表示拒绝，却又讲不出口。

听别人几句甜言蜜语，就轻易地承诺下来的举动，也是自己态度不明确所造成的。

2. 要顾及对方的自尊。

人都是有自尊心的，一个人有求于别人时，往往都带着惴惴不安的心理，如果一开始就说"不行"，势必会伤害对方的自尊心，使对方不安的心理急剧加速，失去平衡，引起强烈的反感，从而产生不良后果。因此，不宜一开口就说"不行"，应该尊重对方的愿望，先说关心、同情的话，然后再讲清实际情况，说明无法接受要求的理由。由于先说了那些让人听了产生共鸣的话，对方才能相信你所陈述的情况是真实的，相信你的拒绝是出于无奈，因而是可以理解的。

当拒绝别人时，不但要考虑到对方可能产生的反应，还要注意准确恰当的措辞。比如你拒聘某人时，如果悉数罗列他的缺点，会十分伤害他的自尊心。倒可以先称赞他的优点，然后再指出缺点，说明不得不这样处置的理由，对方也能更容易接受，甚至感激你。

3. 缓和对方对"不"的抗拒感。

虽然说"不"或"行"要明白表示，却也不是叫你毫无顾虑地就表示"要"或"不要"。语气强硬地说"不行""没办法"，是会伤害对方的自尊心，甚至遭来对方的怨恨。

对别人的要求要洗耳恭听，对自己不能答应的事要表示抱歉。体谅对方拼命工作的苦心……这些都是在你回答"不"之前所应思考的。尤其当要求的对方是上级时，说话更要留余地。

4. 态度一定要真诚。

拒绝总是令人不快的。"委婉"的目的也无非是为了减轻双方，特别是对方的心理负担，并非玩弄"技巧"来捉弄对方。特别是上级、师长拒绝下级、晚辈的要求，不能盛气凌人，要以同情的态度，关切的口吻讲述理由，使之心服。在结束交谈时，要热情握手，热情相送，表示歉意。一次成功的拒绝，也可能为将来的重新握手、更深层次的交际播下希望的种子。

5．降低对方对你的期望。

大凡来求你办事的人，都是相信你能解决这个问题，抱有很高的期望值。一般地说，对你抱有期望越高，越是难以拒绝。在拒绝要求时，倘若多讲自己的长处，或过分夸耀自己，就会在无意中抬高了对方的期望，增大了拒绝的难度。如果适当地讲一讲自己的短处，就降低了对方的期望，在此基础上，抓住适当的机会多讲别人的长处，就能把对方求助目标自然地转移过去。这样不仅可以达到拒绝的目的，而且使被拒绝者因得到一个更好的归宿，由意外的成功所产生的愉快和欣慰心情，取代了原有的失望与烦恼。

6．尽量使话语温柔缓和。

当你想拒绝对方时，可以连连发出敬语，使对方产生"可能被拒绝"的预感，形成对方对于"不"的心理准备。

谈判中拒绝对方，一定要讲究策略。婉转地拒绝，对方会心服口服；如果生硬地拒绝，对方则会产生不满，甚至怀恨、仇视你。所以，一定要记住，拒绝对方，尽量不要伤害对方的自尊心。要让对方明白，你的拒绝是出于不得已，并且感到很抱歉，很遗憾。尽量使你的拒绝温柔而缓和。

7．让对方明白自己的处境。

一般来说一个人有事求别人帮忙时，总是希望别人能满足自己的要求，却往往不考虑给他人带来的麻烦和风险。如果实事求是地讲清利害关系和可能产生的不良后果，把对方也拉进来，共同承担风险，即让对方设身处地去判断，这样会使提出要求的人望而止步，放弃自己的要求。例如有个朋友想请长假外出经商，来找某医生开个肝炎的病历报告单。对此作假的行为，医院早已多次明令禁止，一经查实要严肃处理。于是该医生就婉转地把他的难处讲给朋友听，最后朋友说："我一时没想那么多，经你这么一说，我也觉得这个办法不行。"

由于共担可能出现的风险，对方就能由己及人地去想问题，体谅别人的难处。

在人际交往中，只要还有一线希望达到目的，谁也不愿意轻易地接受拒绝，究其原因是完美心理在起作用。

拒绝是一种艺术

拒绝是一种艺术。艺术就有艺术的规律可循。掌握了拒绝的实用技巧，在不同的场合加以变通，就不再是一件难事。

1. 强调自己的困难。

有些求人的事，由于种种原因，不好意思直接开口，喜欢用暗示来投石问路。这时你最好用暗示来拒绝。

两个打工的老乡，找到城里工作的李某，诉说打工之艰难，一再说住店住不起，租房又没有合适的。言外之间是要借宿。

李某听后马上暗示说："是啊，城里比不了咱们乡下，住房可紧了。就拿我来说吧，这么两间耳朵眼大的房子，住着三代人。我那上高中的儿子，没办法晚上只得睡沙发。你们大老远地来看我，不该留你们在我家好好地住上几天吗？可是做不到啊！"两位老乡听后，就非常知趣地走开了。

2. 用"习俗"为借口。

一位女士因公出差，在火车上与一位看起来挺有涵养的男士坐在一起。这位男士主动和她搭讪，女士觉得一个人干坐着也挺乏味的，于是就和他攀谈起来。开始时这位男士还算规矩，和女士只是谈谈乘车难的感受以及对当今社会上一些不合理现象的看法。可不知怎的，谈着谈着，这位男士竟然话题一转，问了周女士一句："你结婚了吗？"

显然，这个问题可能别有用心，所以女士有些不高兴，但她态度平和地对那位男士说："先生，我听人说过这样一句话，前半句是'对男人不能问收入'，所以我才没有问你的收入；后半句是'对女人不能问婚否'，所以你这个问题我是不能回答了。请原谅。"那位男士听女士这么一说，也觉得有点唐突，尴尬地笑了笑，不再说话了。这位女士既表达了对对方失礼的不满，又没有令对方下不来台，可谓一举两得。

3. 借他人之口加以拒绝。

小李在电器商场工作。一天，他的一位朋友来店买DVD。看遍了店堂里陈列的样品，他都不满意，要求小李领他到仓库去看看。小李面对朋友，"不"字说不出口。于是他笑着说："前几天经理刚宣布过，不准任何顾客进仓库。"尽管小李的朋友心中不大满意，但毕竟比直接听到"不行"的回答减少了几分不快。

4. 借故拖延。

某单位一名职工找到车间主任要求调换工种，车间主任心里明白调不了，但他没有马上回答说："不可能。"而是说："这个问题涉及好几个人，我个人决定不了。我把你的要求带上去，让厂部讨论一下，过几天答复你，好吗？"

这样回答可让对方明白：调工种不是件简单的事，存在着两种可能，使对方思想有所准备，这比当场回绝效果要好得多。

5. 限定苛刻的条件。

有位名作家应邀演讲，课排在下午第一堂，又是大热天，是学生最爱打瞌睡的时候，他一上台，就声明说：

"在这闷热的午后，要各位听我这老头儿说话，一定会想打瞌睡，我想没关系，各位可以安心地睡。但是有两个原则要遵守，一是姿势要雅，不可趴在桌上；二是不准打呼噜，以免干扰别人听讲。"

　　语毕，全堂哄然大笑，瞌睡虫一扫而空。这种表面同意，其实是禁止的说话艺术，常能发挥劝止的功效。

　　6. 先肯定后否定。

　　有时对方提出的要求有一定的合理性，但因条件的限制又无法予以满足。这种情况下，拒绝言辞要尽可能委婉，予以安慰，使其精神上得到些许满足，以减少因拒绝产生的不快和失望。在语言表达上可采用"先肯定后否定"的形式，要委婉，留有余地。

　　一家公司的经理对一家工厂的厂长说："我们两家搞联营，你看怎么样？"厂长回答："这个设想很不错，只是目前条件还没有成熟。"这样既拒绝了对方，又给自己留了后路。

　　7. 隐晦曲折提出另外的建议。

　　有时，对一些明显不合情理或不妥的做法必须予以回绝。但为了避免因此引起冲突，或由于某种原因不便明确表示，可采用隐晦曲折的语言向对方暗示，以达到拒绝的目的。请看下面一段对话：

　　甲："我们的意图是使下一次会议能在纽约召开，不知贵国政府以为如何？"

　　乙："贵国饭菜的味道不好，特别是我上次去时住的那个旅馆更糟糕。"

甲："那么您觉得我今天用来招待您的法国小吃味道如何？"

乙："还算可以，不过我更喜欢吃英国饭菜。"

乙方用"美国饭菜不好""法国的饭菜还可以""喜欢吃英国饭菜"，委婉含蓄地拒绝了在美国、法国开会的建议，暗示了希望在英国举行会议的想法。

8. 借用对方的言语。

吴佩孚的势力日渐强大，成为权倾一方的实力人物。

一天，他的一位同乡前来投靠他，想在他那儿谋个事儿做。吴知道那位同乡才能平平，但碍于情面，还是给他安排了一个上校副官的闲职。不久那位同乡便嫌弃官微职小，再次请求想当个县长，要求派往河南。吴佩孚听了，便在他的申请书上批了"豫民何辜"四个大字，断绝了他的念头。谁知过了些时间，那人又请求调任旅长，并在申请书上说："我愿率一旅之师，讨平两广，将来班师凯旋，一定解甲归田，以种树自娱。"看到同乡这样没有自知之明，吴佩孚真是又好气又好笑，于是又提笔批了"先种树再说"五个大字。

9. 避实就虚法。

当别人要求你公开某些情况，而你不想或不能作出一些明确的回答时，可以采取避实就虚的手法，避免作实质性回答。

1945年美国在日本扔下两颗原子弹后，美国新闻界一个突出话题是猜苏联有多少原子弹。当苏联外长莫洛托夫率代表团访问美国时，在下榻的旅馆门前被一群美国记者所包围，有记者问莫洛托夫："苏联有多少原子弹？"莫洛托夫绷着脸说："足够！"这样的回答避其话锋，保守秘密，同时又显示了苏联人民的自尊和力量。

10. 改变话题法。

如不愿回答别人向你打听的事情时，可用巧妙变换话题的方法，让对方处于被动地位，从而改变意图。

一名外国记者有意发问："请问，对台湾问题，中国政府所采取的最后措施是什么？"

外交人员冷静地答道："请阁下相信，我们最终会解决这个问题的。而我倒真有点担心，如果贵国反政府运动继续发展下去，贵政府是否具有维持现状的能力。"

这样的回答，有意改变话题，达到巧妙拒绝的目的，而且语带讥讽：本国政府连现状都难以维护，你还是多关心关心本国的事情吧！这样就把握了主动权。

11. 以鼓励的方式拒绝。

某人在屋檐下躲雨，看见一个和尚正撑伞走过。某人说："大师，普度一下众生吧？带我一程如何？"

和尚说："我在雨里，你在檐下，而檐下无雨，你不需要我度。"

某人立刻跳出檐下，站在雨中："现在我也在雨中了，该度我了吧？"

和尚说："我也在雨中，你也在雨中，我不被淋，因为有伞；你被雨淋，因为无伞。所以不是我度你，而是伞度我，你要被雨度，不必找我，请自找伞！"说完便走了。

12. 幽默轻松，委婉含蓄。

办事都要讲求原则，不符合原则的事儿坚决不能办。如果某人向你提出的要求是不符合原则的，不答应给办，这就叫坚持原则。不能为保持一团和气而丧失立场，不论什么样的关系，该拒绝的一定要拒绝。讲究灵活性，很重要的一点是委婉含蓄。

有人想让庄子去做官，庄子并未直接拒绝，而是打了一个比方，说："你看到太庙里被当作供品的牛马吗？当它尚未被宰杀时，披着华丽的布料，吃着最好的饲料，的确风光，但一到了太庙，被宰杀成为牲品，再想自由自在地生活着，可能吗？"

庄子虽没有正面回答，但一个很贴切的比喻已经回答了，让他去做官是不可能的，这种方法就是委婉的拒绝法。

把"不"大胆地说出口

有些人天生害怕说"不",害怕别人否认自己的能力,害怕驳了别人的面子。殊不知一味地接受只能使自己越来越麻烦,而一时的尴尬却可以换来永远的宁静。因此,有时也要把"不"大胆地说出口。

前几年春节联欢晚会上也曾演出过这样一个小品:一个人为了避免别人瞧不起自己,假装自己手眼通天,别人求他办事,不管有多大困难一概来者不拒。为了帮别人买两张卧铺票,不惜自己通宵排队,结果闹出了笑话。

也许艺术有所夸张,但生活中的确不乏其人。他们不善于拒绝别人,认为拒绝别人会伤害彼此友谊,于是经常违心地答应别人的要求,结果不仅浪费了大量时间,自己也经常觉得不自在。学会拒绝别人,可以节省大量的时间,避免许多不必要的麻烦。

诚然,与人交往和帮助别人是重要的。但更要懂得珍惜时间,就应该学会说"不"。这里就有必要提醒大家:当自己不是心甘情愿时,别害怕讲"不"字。那么在什么场合应该说"不"呢?现举出几例:

1. 当别人所期待的帮助是完全出于只考虑他个人利益的时候。

假如一个朋友打算请你深夜开车送他到机场。而你确信他可以"打的"去，而如果你去送他，不但影响一夜睡眠，还会影响次日安排，你就要考虑拒绝。当然，如果他是顺路想搭你的车，只是要你等他几分钟的话，你就应尽力帮忙。

2．当有人试图让你代替完成其分内工作时。

偶尔为别人替一两次班关系不大，如果形成习惯，别人就会对你产生依赖性，变成你义不容辞的义务。

3．你准备晚上写点东西或做点家务，朋友却邀请你去聚会。

如果是千里之外的朋友偶然来聚当然另当别论。

当然生活中的类似场合远不止列出的这些，总之，只要考虑到可能给自己带来某些不方便，就要考虑说"不"，除非因此会给别人带来更大的麻烦。也许你会说：我何尝不想拒绝，但该怎样拒绝呢？

以下有几个建议：

1．立即答复，不要使对方对你抱有希望。

要打消为避免直接拒绝而寻找脱身之计的念头。请不要说："我再想想看。"或"我看看到时候行不行。"等等。明确地告诉对方："实在抱歉，这是不行的。"

2．如果你想避免生硬地拒绝，就提出一个反建议。

假如朋友打电话问道："今天晚上去跳舞吧？"你不想去，就可以说："哎呀，今天晚上可不行，改日我邀请你吧。"

3．不要以为每次都有必要说明理由。

在很多时候，你只要简单地说一句："我实在有更要紧的事要做。"就可得到绝大多数人的谅解。

只要我们充分认识到过多参与不必要应酬的危害，知道自己在什么情况下该拒绝别人，并且在拒绝的时候采取正确的方法，我们就能节省大量的时间，而且不至于因此而发生人际关系方面的问题。

拒绝上司有妙招

拒绝上司需要一种高超的策略。那么，该怎样拒绝才能达到自己的目的，又尽量不得罪上司呢？

让我们看看陶行知先生拒绝的艺术或许对我们有一些启示：

陶行知在南京高等师范学校任教务主任。有一次，高师附中招考新生。国民党政府一位姓汪的高级官员的两位公子也来报考。可是，这两位公子平日只知吃喝玩乐，从不认真读书、学习，属于不学无术的花花公子。结果，考试成绩低劣，未被录取。那位汪长官便打电话给南京高等师范学校找陶行知，要陶行知通融一下，录取他的两个儿子入学。陶行知婉言拒绝。

第二天，汪长官派自己的秘书亲自到校找陶行知当面求情。这位秘书一见陶行知便说明来意，请陶行知在录取两位汪公子入学问题上高抬贵手。

陶行知郑重地告诉来者："敝校招考新生，一向按成绩录取，若不按成绩，便失去了录取新生的准绳，莘莘学子将无所适从。汪先生两位公子今年虽未考取，只要好好读书，明年还可再考嘛。"

秘书见陶行知毫无松口之意，便以利诱的口吻说道："陶先生年轻有为，又有留洋学历，只要陶先生在这件事上给汪先生一个面子，今后青云直上，何患无梯，眼下汪先生就会重重酬谢陶先生的。"

说罢，从皮包取出一张银票递了过来："这是汪先生一点小意思，希望陶先生笑纳。"

陶行知哈哈大笑，推开秘书的手，说："先生，我背一首苏东坡的诗给你听听：'治学不求富，读书不求官。比如饮不醉，陶然有余欢。'请你上复汪先生，恕行知未能从命。"

秘书满脸通红，他站起来，收起银票，改用威胁的口气说："但愿陶先生一切顺利，万事如意，将来切莫后悔。"

说罢，悻悻而去。

陶行知先生运用引用的方式来明志和拒绝，可以说是一种有效的策略。但是，弄得秘书恼羞成怒地悻悻而去，就容易给自己造成隐患，所以不能算一种高超的策略。

无独有偶，下面某教育科长的拒绝更高一筹：

冯先生是某教育局的人事科长，经常处于矛盾的包围之中，上级的话他不得不听，违心的事也要办；下边的事不敢应，一应就是一大串，他的官当的苦不堪言。

一次，刘副局长让他想办法将其自费毕业的侄子安插到某中学去。这不符合政策，让冯科长很为难，因为一旦出现问题，承担责任的是他，而非刘副局长；这时他想起了回避锋芒，不直接对抗的退让之法，便小试牛刀。

冯科长对刘副局长说："好，我会尽心为您办这件事的，你让你的侄子把他的毕业证、档案材料给我送过来。"

刘副局长的侄子来了，但只有档案材料，没有毕业证，因为他虽读完了两年学制，但学业不精，自学考试才通过了七门，哪来的毕业证，冯科长让他先回去等候通知。

过了几天，刘副局长又过问这件事情，冯科长先说了说他侄子的情况，随后说道："刘局长，你说话算数，你给那所学校的校长谈谈，只要他们接收，我这就把关系给开过去。"

刘副局长从冯科长的话里显然已听出了弦外之音，只好说："那就先放放再说吧。"

冯科长对刘副局长没有采取直接对抗的方法，而是欲擒先纵、回避锋芒，达到了保护自身的目的。

官场上的矛盾、冲突、痛苦，使大部分人都会处于战争状态。用欲擒先纵的办法，回避锋芒，不直接对抗，能让你的心灵自在、祥和，矛盾也会在迂回曲折中得到妥善解决。一旦回避了锋芒，你就会发现事情原本可以很简单。识时务者为俊杰，当你处于矛盾的漩涡中时，当你处于矛盾的焦点时，你不妨暂时退让一步，再伺机推托。

拒绝谈判对手的技巧

在谈判过程中，当你不同意对方观点的时候，一般不应直接用"不"这个具有强烈对抗色彩的字眼，更不能威胁和辱骂对方，应尽量把否定性的陈述以肯定的形式表达出来。

例如，当对方在某件事情上情绪不好、措辞激烈的时候，你应该怎么办呢？

一个老练的谈判者在这时候会说一句对方完全料想不到的话："我完全理解你的感情。"这句话巧妙之处在于，婉转地表达了一个信息：不赞成这么做。但使对方听了心悦诚服，并使对方产生好感。

又如对某些很难一下子做出回答的要求和问题，可以说："我们将尽快给你们答复。""我们再考虑一下。""最近几天给你们回音。"这里的"尽快""一下""最近几天"都具灵活性，留有余地，可使自己避免盲目做出反应而陷入被动局面。

这种办法，虽然可以摆脱窘境，既可不伤害对方的感情，又可使对方知道你有难处。但是，这种办法总有点不干脆。

因为，这样虽一时能敷衍过去，但对方以后还可能再来纠缠你。总有一天，当对方发觉这就是你的拒绝，明白你以前所有的话都是托词，于是他就会对你产生很坏的印象。

所以，有时不如干脆一点，坦白一点，毫不含糊地拒绝。

有一天，一位推销员敲开老王的家门，说："能不能给我十分钟的时间，我是来做民意调查的。"

对方是十分认真的，所以，老王如果有时间，陪陪他是无所谓的。不巧，夫人不在家，而且，他正在写期限将到的稿子。

老王正感到为难时，对方很快发现了门边的羽毛球拍。

于是他开口说："您好像对羽毛球……"

老王不得不打断他的话："不，那是我内人偶尔……"

"哦，夫人会打，那真好……"

"不好，老不在家……"

"有这种闲暇……"

"没有，太忙了。"

"那么请借用五分钟……"

"呀，已经超过了吧？"

这样一来二去，那位推销员只好知难而退了。

从说服者的角度说，他当然想要和对方长时间的说下去。如果在"您好像对羽毛球……"之后答一句"嗯，马马虎虎"。然后，接下去就是"是不是从小就喜欢？""是否参加过什么比赛？"之类的问话，一直引导到他要推销的产品上。

为避免这样的结果，一定要将对方的话切断，那对方就无计可施了。

谈判过程中，说"是"总比断然说"不"能给对方以安心感。

比如，对方说："你闻闻看，很香吧？"

你可以说："是的，但是……"

先承认对方的说法，然后，则以"但是"的托词敷衍过去。

倘若开始就断然说一句"不"，对方一定不会甘心，千方百计要和你磨蹭。可是，"是的，但是"的话，则是"和布帘掰腕子"，没有什么搞头了。对方再精明，也无可奈何，只好放弃说服你的企图。

所以，你想拒绝对方时，应先用"唔，不错"的话来肯定对方。或说："是的，您说得一点也不错。不过，请您耐心听听我的理由好吗……"

这样婉转地叙述反对意见，对方较容易接受。

谈判中拒绝对方时，一定要讲究策略。婉转地拒绝，对方会心服口服；如果生硬地拒绝，对方则会产生不满，甚至怀恨、仇视你。所以，一定要记住，拒绝对方，尽量不要伤害对方的自尊心。

职场说"不"的技巧

身处职场，经常遇到这样的问题：一位同事突然开口，让你帮他做一份难度很高的工作，答应下来吧，你自己的工作任务可能就完不成。一口拒绝吧，碍于面子，又说不出口。

其实，如何拒绝别人也是很有讲究的。拒绝得法，对方便心服情愿；拒绝不得法，会使人感到不满，甚至对你怀恨在心。那么此时，我们到底应该怎样婉转地拒绝同事的不合理请求呢？

1. 先倾听，再说"不"。

当你的同事向你提出要求时，他们心中通常也会有某些困扰或担忧，担心你会不会马上拒绝，担心你会不会给他脸色看。因此，在你决定拒绝之前，首先要注意倾听他的诉说，比较好的办法是，请对方把处境与需要讲得更清楚一些，你才知道如何帮他。接着向他表示你了解他的难处，能让对方先有被尊重的感觉，这样就是在你婉转地表明自己拒绝的立场时，也能避免伤害他，或避免让他觉得你在应付。如果你的拒绝是因为工作负荷过重，倾听可以让你清楚地界定对方的要求是不是你分内的工作，或者是否包含在自己目前重点工作范围内。或许你仔细听了他的意见后，会发现协助他有助于提升自己的工作能力与经验。这时候，在兼顾目前工作的原则下，牺牲一点自己的休闲时间来协助对方，对自己的职业生涯也不无益处。

"倾听"的另一个好处是，你虽然拒绝他，却可以针对他的情况，建议如何取得适当的支持。若是能提出有效的建议或替代方案，对方一样会感激你，甚至在你的指引下找到更适当的支持，反而事半功倍。

2. 温和而坚定地说"不"。

当你仔细倾听了同事的要求，认为自己应该拒绝的时候，说"不"的态度应该是温和而坚定的。好比同样是药丸，外面裹上糖衣的药，就比较让人容易入口。同样地，委婉表达拒绝，也比直接说"不"让人容易接受。

要婉谢，不要严词拒绝，因为温和的响应总是比情绪化的过度反应要好。情绪是具有渲染性的，"不"这个词通常会引发他人强烈的负面感受，所以，当你必须要拒绝他人时，就不要再以不友善的言行，在情绪上火上加油。

例如，当对方的要求不合公司或部门规定时，你就要委婉地表达自己的工作权限让对方知道，并暗示他如果自己帮了这个忙，就超出了自己的工作范围，违反了公司的有关规定。在自己工作已经排满而爱莫能助的前提下，要让他清楚自己工作的先后顺序，并暗示他如果帮他这个忙，会耽误自己正在进行的工作，会对公司与自己产生较大的冲击。

一般来说，同事听你这么说，一定会知难而退，会再考虑其他办法，而不会对你产生误会的想法。

3. 以对方利益为理由。

对同事说明你之所以拒绝，并非不肯帮忙，而是为了对方的利益着想。从对方的利益考虑，以对方的切身利益为借口，往往更容易说服对方。比方说，人家要求你在一个不合理的期限内完成工作，与其哀号说你不可能办到，不如说服对方，仓促行事对他而言并不好。例如："你交代的工作我不会这样马马虎虎、交差了事，但这般仓促，无法做出符合你期望的水平。"

这样的话，同事不仅不会怀疑你的意图，还会对你切实为他利益着想的行为产生感激。

4. 关怀并提出建议。

拒绝时除了可以提出替代建议，隔一段时间还要主动关心对方情况。

有时候拒绝是一个漫长的过程，对方会不定时地提出同样的要求。

若能化被动为主动地关怀对方，并让对方了解自己的苦衷与立场，可以减少拒绝的尴尬与影响。当双方的情况都改善了，就有可能满足对方的要求。对于业务人员，例如保险业者面对顾客要求，自己却无法配合时，这种主动的技巧更是重要。

拒绝的过程中，除了技巧，更需要发自内心的耐性与关怀。若只是敷衍了事，对方其实都看得到。这样的话，有时更让人觉得你不是个诚恳的人，对人际关系伤害更大。

总而言之，只要你是真心地说"不"，对方一定会体谅你的苦衷。

第四章

用心交流，让回话更有感染力

回答不是一个人的独角戏，而是两个人，甚至多个人的互动交流与沟通。当别人提出问题，你不作答，或者做出的回答是不用心的，就会让沟通陷入僵局，直接影响沟通质量，甚至让沟通无法延续下去。为了让回话更有感染力，就要学会用心交流，多做有效回答。

回话时多用"我们"少用"我"

回话时，用"我们"代替"我"，可以缩短你和大家的心理距离，促进彼此之间的感情交流。

> 新婚燕尔，新娘对新郎说："从此以后，就不能说'你的'，'我的'，要说'我们的'。"新郎点头称是。一会儿，新娘问新郎："亲爱的，我们今天去哪啊？"新郎说："去我表姐家。"新娘就不乐意了，纠正说："是去我们表姐家。"新郎去洗手间，很久了还不出来。新娘问："亲爱的，你在里面干什么呢？"新郎答道："我在刮我们的胡子。"

这虽然只是一则笑话，可是它体现了一个问题，即"我们"这个词可以造成彼此间的共同意识，拉近双方的距离，对促进人际关系将会有很大的帮助。

我们经常看到记者这样采访："请问我们这项工作……"或者"请问我们厂……"，演讲者多使用："我们，是否应该这样""让我们……"这种表达方式。事实上，这样说话往往能使你觉得和对方的距离接近，听来和缓亲切。因为"我们"这个词，也就是要表现"你也参与其中"的意思，所以会令对方心中产生一种参与意识。

人的心理是十分微妙的，同样是与人交谈，但有的说话方式会令对方反感，有的说话方式却会令对方不由自主地产生妥协之心、亲近之情。如演讲时说"你们必须深入了解这个问题"，便增加了听众与演讲者的距离，使得听众无法与你产生共鸣。如果改为"我们最好再做更深一层的讨论"就会缩短与听众之间的距离，使气氛立刻活跃起来，达到共鸣的效果。因此，若想说服别人，不妨多使用"我们"的表达方式。

人心是很微妙的，同样是与人交谈，有的说话方式会令对方反感，而有的说话方式却会令对方不由自主地产生妥协之心。

事实上，我们在听别人说话时，对方说"我"，"我认为"带给我们的感受，将远不如他采用"我们"的说话，因为采用"我们"这种说法，可以让人产生团结意识。

"我"在英文里是最小的字母，千万别把它变成你语汇中最大的字。

一次聚会，有位先生在讲话的前三分钟内，一共用了36个"我"，他不是说"我"，就是说"我的"，如"我的公司""我的花园"等。随后一位熟人走上前去对他说："真遗憾，你失去了你的所有员工。"

那个人怔了怔说："我失去了所有员工？没有呀，他们都好好地在公司上班呢！"

"哦，难道你的这些员工与公司没有任何关系吗？"

享利·福特二世描述令人厌烦的行为时说："一个满嘴'我'的人，一个独占'我'字、随时随地说'我'的人，是一个不受欢迎的人。"

因此，会说话的人，在语言传播中，总会避开"我"字，而用"我们"开头。下面的几点建议可供参考。

1. 尽量用"我们"代替"我"。

很多情况下，你可以用"我们"一词代替"我"，这可以缩短你和大家的心理距离，促进彼此之间的感情交流。

例如："我建议，今天下午……"可以改成："今天下午，我们……好吗？"

2. 说话时应用"我们"开头。

在员工大会上，你想说："我最近做过一项调查，我发现40%的员工对公司有不满的情绪，我认为这些不满情绪……"

如果你将上面这段话的三个"我"字转化成"我们"，效果就会大不一样。说"我"有时只能代表你一个人，而说"我们"代表的是公司，代表的是大家，员工们自然容易接受。

3. 必须用"我"字时，以平缓的语调讲。

不可避免地要讲到"我"时，你要做到语气平淡，既不把"我"读成重音，也不把语音拖长。同时，目光不要逼人，表情不要眉飞色舞，神态不要得意洋洋，你要把表述的重点放在事件的客观叙述上，不要突出做事的"我"，以免使听的人觉得你自认为高人一等，觉得你在吹嘘自己。

记住对方的名字

人对自己的姓名最感兴趣。把一个人的姓名记全，很自然地叫出口来，这是一种最简单、最明显，而又是一种最能获得好感的方法。这不仅能增加自己的亲和力，赢得对方的信任，而且还有利于建立一个良好的人际关系，对自己事业的成功有很大的帮助。试想一下，当你满面春风地出现在朋友面前，而他却想不起你的名字，甚至将你的名字喊错，你会怎么想？你心中的亲密感还会存在吗？同样，如果你想让别人亲近你，最好的办法就是记住对方的名字。

其实，记住他人的名字并不是一件难事，如果你肯花上一点点时间去记，就可轻而易举地办到。然后再真心与人相处，就会获得对方的友谊。

记住名字不仅是礼貌，还是对他人的尊重。

成功学大师卡耐基说："记住，不论在哪一种语言之中，一个人的名字都是最甜蜜、最重要的声音。"

安德鲁·卡内基被称为钢铁大王，但他自己对钢铁的制造懂得很少。他手下有好几百个人，都比他了解钢铁。

但是他知道怎样为人处世，这就是他发大财的原因。他小时候，就表现出组织才华。当他10岁的时候，他发现人们把自己的姓名看得很重要。而他利用这项发现，去赢得别人的合作。例如，他孩提时代在苏格兰的时候，有一次抓到一只兔子，那是一只母兔。他很快发现多了一窝小兔子，但没有东西喂它们。可是他有一个很妙的想法。他对附近的孩子们说，如果他们找到足够的苜蓿和蒲公英，喂饱那些兔子，他就以他们的名字来给那些兔子命名。这个方法太灵验了，卡内基一直忘不了。好几年之后，他在商业界利用类似的方法，赚了好几百万元。例如，他希望把钢铁轨道卖给宾夕法尼亚铁路公司，而艾格·汤姆森正担任该公司的董事长。因此，安德鲁·卡内基在匹兹堡建立了一座巨大的钢铁工厂，取名为"艾格·汤姆森钢铁工厂"。当卡内基和乔治·普尔门为卧车生意而互相竞争的时候，这位钢铁大王又想起了那个关于兔子的经验。

卡内基控制的中央交通公司，正在跟普尔门所控制的那家公司争生意。双方都拼命想得到联合太平洋铁路公司的生意，你争我夺，大杀其价，以致毫无利润可言。卡内基和普尔门都到纽约去参加联合太平洋的董事会。有一天晚上，他们在圣尼可斯饭店碰头了，卡内基说："晚安，普尔门先生，我们岂不是在出自己的洋相吗？"

"你这句话怎么讲？"普尔门问道。

于是卡内基把他心中的话说出来——把他们两家公司合并起来。他把合作而不互相竞争的好处说得天花乱坠。普尔门倾听着，但是他并没有完全接受。最后他问："这个新公司要叫什么呢？"卡内基立即说："普尔门皇宫卧车公司。"

普尔门的眼睛一亮。"到我房间来，"他说，"我们来讨论一番。"这次讨论改写了美国工业史。

德鲁·卡内基以能够叫出许多员工的名字为傲；他很得意地说，当他亲任主管的时候，他的钢铁厂未曾发生过罢工事件。

名字对一个人来说，应该算是最重要的东西之一了吧。一个人从出生到去世，名字就一直和他在一起。人们不能没有名字，因为这是一个人区别于其他人的重要标志。叫响一个人的名字，这对于他来说，是任何语言中最动人的声音。

但是，很多人不记得别人的名字，因为他们认为没有必要下功夫和精力去记别人的名字。如果问他们为什么，他们肯定会为自己找借口，说自己很忙。一般人大概不会比罗斯福更忙，可是他甚至会把一个技工的名字，牢牢地记下来。

罗斯福总统知道一种最简单、最明显，而又是最重要的获得好感的方法，那就是：

记住对方的姓名，使别人感到自己很重要。

但是，在我们之间，又有多少人能这样做呢？

记忆姓名的能力，在事业上、交际上和政治上是同样重要的。

法国皇帝拿破仑三世，即伟大的拿破仑的侄儿，他曾经自夸自己虽然国事很忙，可是，他能记住所见过的每一个人的姓名。

他有什么高招吗？其实很简单，假如他没有听清楚，他就说："对不起，我没有听清楚。"如果是个不常见到的姓名，他就这么问："对不起，请告诉我这名字如何拼？"

在与别人谈话中，他会不厌其烦地把对方姓名反复地记忆数次，同时在他脑海中把这人的姓名和他的脸孔、神态、外形连贯起来。如果这人对他是重要的，拿破仑就更费事了。在他独自一人时，他会把这人的姓名写在纸上，仔细地看着、记住，然后把纸撕了。这样一来，他眼睛看到的印象，就跟他听到的一样了。

这些都很费时间，但爱默生说："良好的礼貌，是由小的牺牲换来的。"

时时让别人感到重要

人类本质里最深层的驱动力就是希望具有重要性。事实上，每个人都希望自己是重要人物。大家愿意做所有事情，无论是好事还是坏事，只要能得到自己是重要的感觉。

纽约电话公司曾针对电话对话做过一项调查，看在现实生活中哪个字使用率最高，在500个电话对话中，"我"这个字使用了大约3950次。这说明，不管你是什么人，不管你实际状况如何，在内心中都是非常重视自己的。

美国学识最渊博的哲学家约翰·杜威说："人类本质里最深远的驱策力就是希望具有重要性。"每一个人来到世界上都有被重视、被关怀、被肯定的渴望，当你满足了他的要求后，他就会对你重视的那个方面焕发出巨大的热情，并成为你的好朋友。

现实生活中有些人之所以会出现交际的障碍，就是因为他们不懂得或者忘记了一个重要原则——让他人感到自己重要。他们喜欢自我表现，喜欢夸大吹嘘自己，一旦事情成功，他们首先表现出的就是自己有多大的功劳，做出了多大贡献。这样不就是向他人表明：你们确实不太重要。无形之中，他们伤害了别人，当然最终也不利于自己。

在美国的历史上有一个非常伟大的总统，他是一位鞋匠的儿子——林肯。在他当选总统的那一刻，整个参议院的议员都感到十分尴尬。因为美国的参议员大部分都出身于名门望族，自认为是上流、优越的人，他们从未料到要面对的总统是一个卑微的鞋匠的儿子。

但是，林肯却从强大的竞争中脱颖而出，赢得了广大人民的信赖，这除了他具有卓越的才能外，与他从平民中来，走平民路线，把自己融于广大百姓之中的平民意识是分不开的。

当林肯站在演讲台上时，有人问他有多少财产。人们期待的答案当然是多少万美元、多少亩田地，然而林肯却扳着手指这样回答：

"我有一位妻子和一个儿子，都是无价之宝。此外，租了三间办公室，室内有一张桌子、三把椅子，墙角还有一个大书架，架上的书值得每人一读。我本人又高又瘦，脸蛋很长，不会发福。我实在没有什么依靠的，唯一可依靠的财产就是你们！"

"唯一可依靠的财产就是你们"，这正是林肯取得民心的最有效的手段。

人类行为有个极为重要的法则，这一法则就是时时让别人感到重要。如果我们遵从这一法则，大概不会惹来什么麻烦，而且可以得到许多友谊和永恒的快乐。但是，如果我们破坏了这个法则，就难免招致麻烦。

有这样一个小笑话。有一个人请了四位同事到他家里吃饭，他倒是非常真诚的，摆了一大桌酒菜。三个同事如约而至，只有一位仍不见踪影，主人在门口急得东张西望，搓手跺脚。一个同事从里头跑出来安慰他不要着急。谁知这位老兄随口甩出一句话："该来的不来。"旁边劝他的这位同事一听，心里想"这样说，我岂不是不该来的。"咣当一声摔门而去。里头另一位同事见状，急忙出来好言相劝。哪知这位老兄又从嘴里蹦出一句："唉！不该走的又走了。"本来相劝的同事一听，立刻怒从心起，"不该走的走了，那意思不就是该走的不走。得，甭解释了，我走了。"最后在屋里等的那位同事急忙出来帮着主人挽留客人。可惜这位老兄口才实在不佳，竟然又冒出一句："我根本不是冲他们说的。"最后那位客人一听，"噢，你不是冲他们说的，那不就是冲我说的吗？算了，我也不留了，一起走吧！"

这虽是一则笑话，却深刻地反映了人们渴望被人尊重的心理。

人际交往的一个极为重要的手段是：时时让别人感到重要。如果我们遵从这一做人手段，大概不会惹来什么麻烦，并且可以得到许多友谊和快乐。但如果我们破坏了这一法则，难免后患无穷。

那么，你怎样才能使人们觉得他们特殊呢？这里有一些手段：

1. 尽可能多地使用他们的名字。

有人说，人的耳朵最喜欢的声音是他们自己名字的发音。

我想那是真的。这是属于他们自己的独一无二的声音。如果你经常使用它，那意味着你真的关心他们，那会使他们觉得自己是珍贵的。

2. 聆听他们。

这听起来很简单，而它也确实很简单，如果你认真对待的话。如果你是假装的，它就是世界上最难的事情。抛开关于自我的想法，聆听他们对你说的话。

3. 称赞并认可他们的成就。

这不必是什么重大的事情，小事情也可以。你可以说："有一天我路过你们家花园，你种的花草长得多好啊。"这句话也很有效。或者说："你的领带很好看，与这套西装搭配得很好！"注意到并说出人们的独特之处能够使人们觉得与众不同。

4. 如果有人等着与你见面，一定要向他们打招呼。

千万不要忽视等着与你见面的人，即使你只会意地看他们一眼，并让他们知道你很快就会到他们那里去。这将使他们觉得你很在意他们。

5. 当有人问你问题的时候，停一会儿再回答。

这使他们的问题看起来很重要，因为它意味着你花时间思考他们提出的问题。

6. 当你在带团队的时候，要关心每一个人。

要记住，任何团队实际上都是由单个的、需要被认可和被欣赏的人组成的。当你向一个团队讲话的时候，你要看着每一个人，向他们说话，让他们知道你觉得他们是重要的。

激发共鸣，拉近心理距离

与人相处，要谈得有味，谈得投机，谈得其乐融融，双方必须确立共同感兴趣的话题。有人认为，素昧平生，初次见面，何来共同感兴趣的话题？其实不然。生活在同一时代，同一国土，只要善于寻找，何愁没有共同语言？一位小学教师和一名泥瓦匠，两者似乎没有投机之处。但是，如果这个泥瓦匠是一位小学生的家长，那么，两者可就如何教育孩子各抒己见，交流看法；如果这个小学教师正要盖房或修房，那么，两者可就如何购买建筑材料、选择修造方案沟通信息、切磋探讨。只要双方留意、试探，就不难发现彼此有对某一问题的相同观点、某一方面共同的兴趣爱好、某一类大家关心的事情。有些人在初识者面前感到拘谨难堪，只是没有发掘共同感兴趣的话题而已。

人常说到什么山唱什么歌，见什么人说什么话。社会上的各种人，具有不同的年龄、性别、性格、脾气等等，他们各有不同的思想认识。各人所处的地位不同，对同一事物的理解是有差异的，做人的分寸也就要根据各种人的地位、身份、文化程度、语言习惯来做不同的处理。这就是"对症下药，激发共鸣"，可以为行事打下良好的基础。

我们设想一下，假如你坐在火车上，已经坐了很久了，而前面还有很长很长的路程。你想与他人讲讲话，却不知如何开口，这时，你就要尽力使你的谈话里显得趣味十足。

坐在你旁边的一位是一个很没趣的人，而你非常想和他聊天解闷，于是你便搭讪道："对不起打扰了，你有充电宝吗？"

可是他一句话也不讲，只是点点头，从口袋里掏出了一个充电宝递给你。你用完以后，在还给他充电宝时说了声"谢谢"，他又点了点头，然后把充电宝放进了口袋里。

你继续说："真是一条又长又讨厌的旅程，你是否也有这种感觉？"

"是的，真讨厌。"

他同意着，而且语调中包含着不耐烦的意味。

"若看看一路上的高山，倒会使人高兴起来。再过一两个月去爬山，那一定更有趣。"

"唔，李宇春唔！"他含糊地答应着。

他显然对这个话题不感兴趣。这时你再也没有勇气说下去了。

假若一个话题对他富有兴趣，那么无论他是如何沉默的一个人，他也会发表一些言论的。因此你在谈话的停滞之中，思考了一番后，又重新开始了。

"刚才车上放的歌曲真动听，"你说，"北京将要举办一次别开生面的演唱会。听说是李宇春个人演唱会！"

坐在你身旁的那位乘客坐起来了。

"你觉得李宇春的歌唱得怎么样？"他问。

你回答："唱得很好，我很喜欢听。"

"你喜欢听她的哪首歌？"他急着问。

由此可见，他的确是个文艺爱好者，并对李宇春敬慕非常。于是你可以说："我很喜欢听她演唱的《青春颂》。她不仅歌儿唱得好，人也好！"

这位乘客听了这话便兴高采烈，滔滔不绝地谈了起来。

毫无疑问，与素不相识的陌生人见面，双方免不了都要存有警戒心甚至敌意。这种心理状态会毫不留情地束缚住双方。人际交往中，尤其是初次交往，尽量让对方放松心情，消除他本身的心理障碍，是首先要解决的问题。"酒逢知己千杯少，话不投机半句多。"在初交时，如果不能打开对方的心扉，一切努力都会变成泡影。要冲破对方的"警戒"线，只有让对方感觉到你是可以信任的。那么，怎么才能让对方信任你，也就是说怎样把你对对方的尊重和信任的态度传达给他呢？

基本的手段便是以同情共感的态度来了解对方的烦恼与要求。这就是心理学中所说的"共鸣"，也叫"移情"。

一个陌生人在你面前并不可怕，可怕的是你不能与他交谈。你只要主动、热情地通过话语，同他们聊天，努力探寻与他们交谈的共同点，赢得对方的好感，这样就能拉近你们之间的距离。

人与人之间交往，是从交谈开始的，交谈是交朋友、拉近距离、在思想上沟通的有效手段。许多事就是在不经意的交谈中找到双方的共同点，在思想上和心理上产生一种共鸣，达成一种共识，从而获得别人的认同。交谈是交流、引发共鸣、交上朋友的最好方法。

满怀真诚地回话

"精诚所至，金石为开"，好口才的第一步就是要让人感觉到你的热心和诚意。如果连自己都意未明，情未动，言不由衷，又怎么能表情达意呢？如果说，诚意要求的是内容，那么热心要求的就是表达的态度，唯有"情自肺腑出，方能入肺腑"。

真诚是人类最伟大的美德之一，一个对生活、对事业、对自己真诚的人，写文章能以真诚动人，办事情能以真诚悦人，说话能以真诚感人，那么他所具有的这些力量怎能不使他取得成功呢？俗话说得好："有了巧舌加诚意，就能够用一根头发牵动一头大象。"

美国石油大王洛克菲勒的儿子小洛克菲勒，在1915年处理一次工业大罢工时，就是运用诚恳的演说，解决了与工人之间的矛盾。

科罗拉多州煤铁公司的矿工为了要求改善待遇，进行了罢工，因为公司方面处置不善，这次罢工又演变成了流血的惨剧，劳资双方都走了极端。这次罢工，持续了两年之久，成为美国工业史上一次有名的大罢工。小洛克菲勒，最初使用军队来镇压的高压手段，酿成了流血惨剧，不仅没有解决问题，反而使罢工的时间更延长下去，使自己的财产受到了更大的损失。后来，他改变方法，采用柔和的手段，把罢工的事情暂时置之不谈，他深入到工人当中，并亲自到工人家中进行慰问，使双方的情感慢慢地转好起来。以后，他叫工人们组织代表团，以便于和资方洽商和解。他看出了工人们已经对他稍稍释去了敌意，于是，便对罢工运动的代表们做了一次十分中肯的演说。就是这一次演说，解决了两年来的罢工风潮。

在演讲中，小洛克菲勒说："在我有生之年，今天恐怕要算是一个最值得纪念的日子。我十分荣幸，因为能够和诸位认识，如果我们今天的聚会是在两个星期之前，那么，我站在这里就会是一个陌生人了；因为我对于诸位的面孔的认识还只是极少数。我有机会到南煤区的各个帐篷里去看了一遍，和诸位代表都做了一次私人的个别谈话；我看过了诸位的家庭，会见了诸位的妻儿老幼，大家对我都十分客气，完全把我看作自己人一般。所以，今天我们在这里相见，我们已经不是陌生人而是朋友了。现在，我们不妨本着相互的友谊，共同来讨论一下我们大家的利益，这是使人感到十分高兴的。参加这个会的是厂方的职员和工人的代表，现在蒙诸位的厚爱，我才能在这里和诸位相见并努力化解一切矛盾，彼此成为好友，这种伟大的友谊，我是终生不会忘掉的。我们大家的事业和前途，从此更是展开了无限的光明。在我个人，今天虽然是代表着公司方面的董事会，可是，我和诸位并不站在对立面，我觉得我们大家都是有着密切的关系和友谊的。我们彼此有关的生活问题，现在我很愿意提出来和大家讨论一下，让我们一起从长计议，获得一个双方都能兼顾到的圆满的解决办法，因为，这是对大家有利的事……"

小洛克菲勒的讲话，虽没有华丽的辞藻，但话语诚恳，引起了矿工广泛的共鸣，一下子就使自己摆脱了困境。

有时候，真诚的语言不仅会给我们带来成功，还可能带来神话般的奇迹。反之，如果一个人在语言上，不遵循"诚能感人"的原则，就会失信于众，轻则影响个人的形象和声誉，重则危及组织的前途和生存。

一个平凡的业务员，在做了十几年的推销工作后，他十分反感和厌恶那些长期以来用强颜欢笑、编造假话、吹嘘商品等招揽顾客的做法。他觉得这是生活上的一种压力，为了摆脱这种压力，他决定对人要以诚相待，不对顾客讲假话，要以一颗真诚的心来对待他们，即使被解雇也无所谓。出乎意料的是，当这种想法浮现在大脑后，他顿时觉得自己的心情比以往更轻松起来。

这天，当第一个顾客来到店里，问他店中有没有一种可自由折叠、调节高度的椅子时，他就搬来椅子，如实地向顾客介绍。他说："老实说，这种椅子质量不是很好，我们常常会接收到顾客的投诉和退货。"

顾客说："是吗？很多人家都用这种椅子，我看它似乎还挺实用的。"

"也许是吧。不过，据我看，这种椅子不一定能升降自如。您看，没错，它款式新，但结构有毛病。如果我隐瞒它的缺点，就等于是在欺骗您。"这位业务员耐心地给顾客解答。客人追问："你说结构有毛病？"

"是的，它的结构过于复杂精巧，反而不够简便。"

这时，业务员走近椅子，用脚去踩脚踏板。本来要轻踩，但是他一脚狠狠踩下去，使椅子面突然向上撑起，正好撞到顾客扶在上面的手上。业务员急忙道歉："对不起，我不是故意的。"

没想到客人反而笑起来，说："没关系，不过我还要仔细看看。"

"没关系，买东西如果不精心挑选，会很容易吃亏的。您看看这椅子的木料，品质并非上乘，贴面胶合也很差。坦白地说，我劝您还是别买这种椅子，不如看看其他牌子的，要不到其他店看看也可以，说不定那里会有更好的椅子。"业务员说。

客人听完这番话，十分开心，要求买下这把椅子，并马上取货。但是，等到这位顾客一走，业务员就立即遭受到经理的训斥，同时被告知到人事部办理离职手续。过了一个小时，业务员正整理东西，准备打包回家时，店内突然来了一群人，争相购买这种椅子，几十把椅子一下子就买空了。

当然，这些人都是刚才那位顾客介绍来的。看到店里生意如此火暴，经理大感吃惊，最后业务员不仅没被辞退，工资还提高三倍，休假时间也增加一倍。经理甚至还称赞他如实介绍商品的做法，是一种新型的售货风格，应该继续保持。

语言可以表现一个人的人格。即使是语言比较笨拙的人，只要具有发自内心的真诚，其心情就能在话语间充分流露出来。相反，如果没有发自内心的真诚，即使运用再华丽的语言也会被人看穿。所以，在谈话时，满怀真诚是最重要的。

该道歉时要道歉

在与人交往时，难免说错话，做错事。人非圣贤，孰能无过？如果我们能及时说声"对不起"，真诚地向对方道歉，往往能把大事化小，小事化了。在求得对方原谅的同时，还达到了沟通的效果。

日常生活中，需要道歉的事情很多，大到不小心损坏别人家的重要物品，出言不逊伤了别人的自尊心，或者一时性起打伤了别人；小到打断了别人的谈话，干扰了别人的工作，约会迟到了，公共汽车上踩了人家的脚等等，这都是难免的。问题就在于有没有勇气，有没有诚心向对方道歉。真正的道歉不只是认错，而是承认自己的言行给对方带来了伤害和损失，希望弥补这种过失，希望能与对方言归于好。

小张在广州工作。一天，老总要他将某项目可行性研究报告给上海的同事小李，小张并不认识小李，报告发过去后，小李通过网络问了很多业内人士觉得很可笑的初级问题。当时小张就回话："你还没有入门吧？"结果引发两人之间的言语纷争。小张看小李不懂装懂还极力狡辩，便毫不客气、极尽挖苦，小李气得用英语唾骂小张，结果自然是不欢而止。小张后来生病休养一段时间，上班后老总提起此事，说小李投诉到上海集团公司执行总裁，总裁在小张的老总面前面露难色，对小张表示不满。于是老总吩咐小张在抓好业务的同时，要及时向小李道歉。老总言辞缓和，显露爱才之心，说小李是上海集团公司的一名经理，刚留学归来，被小张这样的小字辈耻笑肯定心中难以平衡，希望小张能予以理解。小张为有辱老总脸面备感歉意，虽然觉得自己吃亏，还是主动发了一封道歉信给小李。

消除恶感，避免伤害别人的感情，最聪明的办法就是谦逊一点。自己有过失的时候立刻道歉，别人就会给你同情，这就是道歉的神效。倘若我们大家能运用道歉的神效，我们的生活将会减少很多不愉快。

人非圣贤，孰能无过。我们都需要学会道歉的艺术，扪心自问，看看你是否常常毫不留情地妄下断言，说出伤人的话，牺牲了朋友，自己从中得利。再想想看，有哪几次你诚心地坦然表示歉意。有点惶恐是不是？惶恐的原因在于我们良心不昧，深知即使稍有过失也难免怅然若失，除非知道道歉，否则总是内疚于心。

有些人认为道歉是向别人低头，失去了个人尊严。一味坚持自己的错误，不肯道歉，又何谈尊严呢？

不负责的人不会赢得他人的信赖，不敢道歉意味着不敢对自己的行为负责。

一次语文单元测验，老师误将一位学生答对的题扣了分。卷子发下来，这位学生举起手："老师，您错了，应该向我道歉。品德课上老师就是这么说的。"顿时，教室里一片寂静，老师也愣住了。片刻，这位老师笑着说："是我疏忽了，对不起！"

事后有人问这位老师："你当时不觉得窘迫吗？"他却说："像这样有道德勇气的学生，很少见，我喜欢。"

尽管道歉是生活中一个再平常不过的细节，但在我们所见所闻中，作为老师，在学生面前承认自己的错误并诚恳道歉的并不多。因为，道歉对于老师来说，同样承担着"诚信"一落千丈，学生效仿"找茬儿"等风险。但是，那位老师做了，他用勇气呵护了幼小学生心田里刚刚萌芽的道德光芒。

向别人道歉时，除了要有诚意外，还需讲究一定的技巧和方法，避免不必要的争吵和冲突。那么，怎样向人道歉才能达到预期的目的呢？

1. 立即道歉。因为时间拖得越久就越难以启齿，有时甚至追悔莫及。所以，在发现自己的过错时，立即向对方说声"对不起"，这才是道歉的最好时机。

2. 有时可避开正面接触对方，采用多种方式表达你的悔意。如果你觉得道歉的话语一时说不出口，那么不妨想点其他办法，让对方知道你有悔过的诚意。比如托人送件小礼物；间接帮助对方解决某些困难；或者写封信打个电话等。

3. 道歉时，语气要诚恳，态度要自然。有些人知道自己的过错，也有心向别人道歉，但说话语气在别人听来显得不诚恳，态度傲慢。诸如冲着别人说："对不起，噢！""我都说对不起了，你还不行吗？"这样的道歉不仅不能让对方接受，相反，还会引起对方的反感。因此说"对不起"时，要面带微笑，语气低缓，使人感觉到你是在真心悔过。有时在"对不起""抱歉"前面再加上"很""非常""实在""太"等表示加强的词语，则更能体现你的诚心。

4. 主动承担责任。在道歉时，要主动承担错误的责任，说明引起错误的原因，但决不能找借口，或者把责任推卸给对方，即使自己只有部分责任，也要主动承担。主动为自己的行为承担责任，反而会鼓励对方也承担属于他（她）自己的那部分责任。

见什么人说什么话

古人云："言为心声。"说话的好坏，主要取决于说话者的思想水平、文化修养、道德情操，但讲究语言艺术也同样十分重要。同样一种意思，从不同人嘴里说出来，效果可能就会不同。

里根在对农民发表演说时，说了这么一件轶事来讨好他的听众：

一位农民要下一块已干涸的小河谷。这片荒地覆盖着石块，杂草丛生，到处坑坑洼洼，他每天去那里辛勤耕耘，不断劳作，最后荒地变成了花园，为此他深感骄傲和幸福。

某个星期日的早晨，他操劳一番后，前去邀请部长先生，问他是否乐意看看他的花园。"好吧！"那位部长来了，并视察一番。他看到瓜果累累，就说："呀，上帝肯定为这片土地祝福了！"

他看到玉米丰收，又说："哎呀！上帝确实为这些玉米祝福过。"接着又说："天哪！上帝和你在这块土地上竟取得了这么大的成绩呀！"

这位农民禁不住说："尊敬的先生，我真希望你能看到上帝独自管理这片土地时，它是什么模样。"

为了迎合选民对政客的不信任思想，里根幽默地暗示了政府官员们天生愚蠢得难以估量。

他谈到了一座虚构的美国城市，该城市决定把交通标志再竖得高一些。

交通标志原有5英尺高，他们要把这些标记高度改为7英尺。联邦政府人员插手此事，由他们实施这一工程——他们来到了这一城市，把街道平面下降了2英尺。

对正在访问的特定地区加以奉承是里根的一大特色。如总统的一位幽默顾问解释的那样："幽默的主要价值之一，是让听众明白你知道他们是谁，他们住在哪儿。"

里根在到达俄勒冈州波特兰时说："我的几位辛勤工

作的助手们劝我不要离开国会而风尘仆仆地到这里来。为了让他们高兴，我说：'好吧！让我们来掷硬币，决定是去访问你们美丽的俄勒冈州，还是留在华盛顿。'你们知道吗？我不得不连续掷14次才得到使我满意的结果。"

里根迎合少数民族的手法就像他迎合不同地区的人民那样变化多端，富有吸引力。在向一群意大利血统的美国人讲话时，他说：每当我想到意大利人的家庭时，我总是想起温暖的厨房，以及更为温暖的爱。有这么一家人住在一套稍嫌狭小的公寓房间里，他们决定迁到乡下一座大房子里去。

一位朋友问这家一个12岁的儿子托尼："喜欢你的新居吗？"孩子回答说："我们喜欢，我有了自己的房间。我的兄弟也有了他自己的房间。我的姐妹们都有了自己的房间。只是可怜的妈妈，她还是和爸爸住一个房间。"

里根访问加拿大，在一座城市发表演说。在演说过程中，有一群举行反美示威的人不时打断他的演说，明显地显示出反美情绪。里根是作为客人到加拿大访问的。作为加拿大的总理，皮埃尔·特鲁多对这种无理的举动感到非常尴尬。面对这种困境，里根反而面带笑容地对他说：

"这种情况在美国是经常发生的。我想这些人一定是特意从美国来到贵国的，可能他们想使我有一种宾至如归的感觉。"

良好的谈吐可以助人成功，蹩脚的谈吐则令人障阻重重。在日常生活中，我们身边的人总是多种多样，有口若悬河的，有期期艾艾、不知所云的，有谈吐隽永的，有语言干瘪、意兴阑珊的，有唇枪舌剑的……人们的口才能力有大小之分，说话的效果也是天差地别的。因此，要想在说话上成为高手，达到"到什么山上唱什么歌"的境界，就必须要把握其中的奥秘。

有一次，美国前国务卿基辛格对周恩来总理说："我发现你们中国人走路都喜欢弓着背，而我们美国人走路大都是挺着胸！这是为什么？"对基辛格这句话首先要做出准确的判断，是恶意，还是玩笑？不能说这话是十分友善之谈，但也没有明显的恶意，气氛和情绪并不是对立的，说的情况基本属实，话语本身带着调侃的色彩。所以，回答也要用调侃的口吻，恰如其分。周总理回答说："这个好理解，我们中国人走上坡路，当然是弓着背的；你们美国人在走下坡路，当然是挺着胸的。"说完，哈哈大笑。周总理的应变确实敏锐，分寸掌握得十分恰当，既有反唇相讥的意味，又带着半开玩笑的情趣；既不影响谈话的友好气氛，又符合当时说话的场景和说话者的身份，不卑不亢、恰如其分。

古语云："凡事预则立，不预则废。"所以说话前，有必要对下列问题仔细地考虑：你要对谁讲，将要讲什么，为什么要讲这些内容，怎么讲，有什么有利因素和不利因素，怎样处理等。刘墉，是乾隆时期有名的宰相，他的能力强、有原则，沟通起来机灵得很，让乾隆皇帝不宠爱他都不行。

有一回刘墉陪乾隆皇帝聊天，乾隆很感慨地说：
"唉！时光过得真快，就快成了老人家喽！"刘墉看看皇
帝一脸的感伤，于是说："皇上您还年轻哩！"

"我今年45岁，属马的，不年轻啦！"乾隆摇摇头，
接着看了一眼刘墉问："你今年多大岁数啦？"

刘墉毕恭毕敬地回答："回皇上，我今年45岁，是属
驴的。"

乾隆听了觉得很奇怪，于是就问："我45岁属马，你
45岁怎么会属驴呢？"

"回皇上，皇上属了马，为臣怎敢也属马呢？只好属
驴喽！"刘墉似笑非笑地回答。

"好个伶牙俐齿的刘罗锅！"皇上拊掌大笑，一脸的
阴霾尽失。

见什么人说什么话，就是在告诉我们，谈话时要尽量使用
对方认同的语言，谈论对方熟悉和关心的话题，并且也要视当
下的具体情况灵活应变，以便在迎合对方心理的同时，也赢得
对方的好感；唯有赢得对方的好感，才有可能得到我们想获得
的东西，而这也是成就大事的一种技巧。

急中生智，幽默回话改变局势

幽默的应答可以活跃气氛，可以让沟通顺畅，可以让反击隐藏于无形之中。幽默并没有现成的模式可以遵循，我们面对的是变动的人群、变换的场合，所以幽默也只能因人而异，因场合而异，才能达到预想中的效果。

委婉含蓄式的幽默技巧

在现实生活中，我们常常可以看到这样一种现象：如果一个人在与人沟通时不加思考，不讲究方式，过于直接，往往会让人觉得这个人肤浅、粗俗、愚蠢，索然寡味，久而久之，就会避而远之；如果一个人在与人沟通时能够做到委婉含蓄，把一些重要的、该说的话隐藏起来，运用含蓄的语言，轻描淡写地将其表达出来，从而就会产生一种耐人寻味的幽默效果，让人情不自禁地主动与你交往。

幽默是最能展示一个人的语言魅力的绝技，其最大特色就在于它的委婉含蓄。其好处就在于它能够运用意味深长、极具趣味的语言真假并用，曲折地、间接地将意见表达出来，使之耐人寻味且寓意深刻，并且也能很好地照顾到对方的自尊。

在一个旅游景点，有一家东北餐馆，生意兴隆，每天都爆满，但是，这家餐馆的老板脾气急躁，容不得别人讲他半句坏话。

一天中午，一个过路人来这家餐馆吃饭，点了一瓶酒和几道招牌菜。这个人刚夹了了一口菜，便大叫起来："这是什么菜啊？咸死了！"

一听有人说自家的菜咸，老板满脸怒气，以为这个人是故意来吃霸王餐的，拿起棍子就去打那位顾客。

这时，又进来一位顾客，一边赶忙拉架，一边问道：

"你为什么打人？""哼！"餐馆老板气恼地说，"我在这做了二十多年的生意，谁不知道我的菜味美可口，这人偏说我的菜是咸的，分明是来找茬的，想吃霸王餐，你说他该不该打！"

"不妨让我尝一口，再做评价，"这人说道。他吃了一口菜，咸得直咧嘴，他连忙放下筷子说："老板，你把他放了，打我吧！"

餐馆老板也吃了一口菜，一尝，才知道自己把盐当作糖放进去了。

后一个顾客用一句轻松、微妙的俏皮话，将自己的意思曲折地、间接地表达了出来，耐人寻味且寓意深刻，既尊重了餐馆老板，不至于让对方难堪，又使对方明白了菜的确是咸的，使对方愉快地接受了意见，从而在和谐的气氛中达到了沟通目的。

由此看来，说话不一定要直来直去，委婉含蓄地表达不仅让人容易接受，还能深得人心，试想，春风暖人的语言，有谁能不爱听呢？

所以，当你很想表达一种内心的愿望，又不便直说、不忍直说、不能直说时，不妨幽默地含蓄一下。例如，在谈及某人丑陋的相貌时，不要直接说"长得真丑"，而要用"长得有些委婉""人的长相和才能往往成反比"这样的话来代替；说一个人贪睡时，不妨用"对床铺的利用率很高"来形容。

我们再来看一个经典的例子：

有一位作曲家拿着一份曲谱去拜访当地一个知名的音乐家，恳请音乐家听听自己的演奏并给予意见，在作曲家演奏过程中，音乐家一直认真地倾听，且不时地脱帽致敬。

作曲家演奏完毕后，问音乐家："您觉得怎么样？"

"太好了！"音乐家回答。

"真的吗？"作曲家兴奋地追问道，"您连连脱帽就是对我的极大认可吧！"

"不，不是因为你。"音乐家回答说，"因为我有见到熟人就脱帽的习惯，在你的曲子里，我碰到了太多的熟人，以至于我不得不连连脱帽。"

音乐家通过幽默的语言暗示了作曲家的曲子缺乏新意，指出作曲家的抄袭行为，含蓄地向对方表明了自己的看法和意见，既照顾到作曲家的面子问题，又增强了批评的力度，两全其美。这是一种机智的表达，是一种轻松的沟通，很明显，这比口若悬河地直说这份曲谱是东拼西凑的抄袭品更有力，实在值得回味。

当然，这种委婉含蓄式的幽默技巧，并不局限于应对抄袭的作曲家，这里需要注意的是，想要熟练运用含蓄幽默的语言技巧，你必须时刻提醒自己不要直截了当地表达自己的想法和意见。

有一位名人到一家餐厅去吃饭，他对饭菜的质量很不满意。结账之后，他让服务员把餐厅经理叫来。

经理来后，名人对他说："现在，让我们来相互拥抱一下吧！"

经理奇怪地问："为什么？"

名人说："永别啦，你以后再也见不到我了。"

这位名人的幽默才华在于，他明明要贬抑这家餐厅的厨艺，却先装出一种高度赞扬的样子，先给了对方一个热烈的拥抱，才不露声色地点出了自己再也不会到这家餐馆来就餐的想法。

幽默是展示你语言魅力的绝技。它要求说话者有较高水平的说话艺术和高雅的幽默感，同时，它也能体现说话者驾驭语言的能力和含蓄表达幽默的技巧。生活中，很多人之所以缺乏幽默感，就是因为太习惯于直截了当、简洁明了的表达方式，而幽默则与直截了当完全不相容。所以，要想培养幽默感，就要学会迂回曲折、委婉含蓄的表达方式，凡事都不要直接说出真相，而要从某个侧面毫不含糊地点出来，使言语在趣味横生的同时，达到意味深长的效果。

幽雅得体可以化解一切危机

一直以来，幽默都被当成男人的专利标签，人们也会用幽默这个指标来要求或者衡量一个男人。而女人与幽默是远离的，她们被人欣赏的标签是优雅，是一种展现女性柔美的气质。而事实上，成就一个女人优雅气质的因素有很多，当人们熟悉的男人惯用的幽默出现在一个自信的女人身上，我们会发现，原来优雅有着另一种内涵，原来幽默也是一种优雅。

著名节目主持人杨澜一次在广州市天河体育中心主持一场晚会，在中途退场下台阶时，不小心一脚踩空，从台阶上摔了下来。出现这样的情况，的确令人难堪。这时候台下的观众哗然，只见杨澜一跃而起，面带笑容镇定地对观众说："真是人有失足，马有失蹄，我刚才的狮子滚绣球滚得不够熟练吧。看来这次演出的台阶还不那么好下呢，但是台上的节目会很精彩，不信，大家瞧她们。"

杨澜这段非常成功的即兴演讲，不仅为自己摆脱了难堪，而且更显示出她非凡的口才，以致她话音刚落，会场就立刻爆发出热烈的掌声，有的观众还大声说："广州欢迎你！"

如果说平时的主持节目有提前准备好的材料、稿件，那这种预料不到的突发情况最能展现一个人的应变能力。在完全没有准备的情况下，只有思维敏捷、反应灵活才可能做到应对得体，出口成章。这种即兴应变能力，是与平时知识的积累、文化的储备有直接关系的。上面事例中，杨澜的应对确实是非常机智的，这跟她本人各方面的修养分不开。当一件尴尬的事情被一个女人用机智幽默如此不着痕迹、轻描淡写地圆满化解掉，确实体现了优雅的气度。

在主持一次知识问答类节目时，杨澜问参赛者："阿拉伯某小国的公园里，常常有武士模样的人摇着铃铛走东串西，这是干什么的？"参赛者的回答各种各样，结果都是错的。最后杨澜告诉大家谜底："这是卖茶水的人。"此时杨澜见参赛者情绪有些低落，赶快补上一句："看来这地方的水真是太宝贵了，卖茶水的人也穿戴得这么漂亮，把我们都迷惑了。"

这句话看来很平常，可一声"我们"，拉近了双方的距离，化解了参赛者由于回答错误可能带来的尴尬；一个自圆其说的道理，消除了参赛者心中的不快，避免了可能出现的冷场。小小的幽默体现的是一份关怀和体贴，一份大度和爱护，这样的气质也应该算是一种优雅。

在一次做客《艺术人生》时，主持人朱军介绍完后，杨澜并没有马上出现在舞台上，她说："我带了两盒面巾纸，一盒给你一盒给我，因为《艺术人生》容易让人感动。"

杨澜给人的印象始终是优雅得体的，带有女性温柔的智慧。这种狡黠的调侃，让人们看到了她的灵动、自信、温柔，还体现了她为人处事的得体。

一次，在《非诚勿扰》现场，一位戴眼镜的男嘉宾上场后，其帅气的外形、儒雅的风度赢得了众多女嘉宾的好感，大家纷纷按灯选择，只有3号女嘉宾不为所动。

孟非问道："3号女嘉宾，你能告诉我你不选择这位男嘉宾的原因吗？"

3号女嘉宾出言不逊："我不喜欢戴眼镜的男人，我觉得戴眼镜的男人都很猥琐。"

一时之间，那位男嘉宾狼狈不堪。此时，孟非出言化解了男嘉宾的尴尬，他即兴发挥说："我也戴眼镜，你这话真是一石二鸟，醉翁之意不在他而在我，我没什么地方得罪你吧！不过我得告诉你，戴眼镜的男人并不一定猥琐，这个我老婆可以给我证明。"

此言一出，台上台下响起了一阵热烈的掌声，笑声也一浪高过一浪。

《非诚勿扰》的这位女嘉宾说话有失妥当，但是在节目中主持人不可能直接指责她。孟非巧妙地圆场，他把矛头引向自己身上，不但帮助男嘉宾解了围，也在无形中化解了可能出现的尴尬和争辩，让节目可以顺利进行下去。

《今晚》拍样片时，节目组让高博穿的是一套西装，为了不时之需，高博另带了一身中式的银色服装，没想到，高博穿上西装不怎么样，一穿上这银色褂子后，大家一致认为这身衣服更适合他，从此，中式褂子成为他固定的"演出服"。

对于高博的这身固定装扮，有观众不乐意了，经常发短信问他，为什么总在节目中穿那身银色褂子？并建议高博，如果每天做节目换一身少数民族衣服，效果会更佳！高博说："这主意倒是不错。等咱们中国的56个民族服装都穿完了，我还可以穿世界各地的民族服装。可我就是怕别的观众，都以为高博改主持《世界各地》了呢！"

高博深知自己的优缺点，所以他为了不时之需准备银色的服装，没想到真的派上用场并且效果很好。当他的固定演出服受到一部分观众的质疑时，如果立刻换掉，改穿别的衣服，固然会迎合一部分观众，但也失掉了自己的特色；如果固执己见，又难免会让观众觉得过于骄傲，不虚心接受意见。于是高博和观众打起了马虎眼，用一种戏谑的方式表达出自己希望保留特色的想法，既容易被接受，也不失风度。

幽默的表达潜在意思

"问"有艺术，"答"也有技巧。问得不当，不利于谈判；答得不好，同样也会使己方陷入被动。在谈判中，回答问题不是一件容易的事。因为，谈判者不但要根据对方的提问来回答，并且还要把问题尽可能地讲清楚。而且，谈判者对自己回答的每句话都负有责任，因为对方可能把回答理所当然地认为是一种承诺。这就给回答问题的人带来一定的压力。因此，一个谈判者水平的高低很大程度上取决于他回答问题的水平。

在谈判中，谈判者可以运用"答非所问"的幽默技巧巧妙扭转不利于己的局势。答非所问指答话者故意偏离逻辑规则，不直接回答对方提问，而是在形式上响应对方问话，通过有意的错位造成幽默效果。答非所问并不是逻辑上的混乱，而是用假装错误的形式，幽默地表达潜在的意思。

有个爱缠人的先生盯着小仲马问："您最近在做些什么？"

小仲马平静地答道：“难道您没看见？我正在蓄络腮胡子。”

那位先生问的是小仲马近来做了哪些重要的事情。小仲马自然是懂得对方问话意思的，但他偏偏答非所问，用幽默暗示那位先生：不要再纠缠了。小仲马故意把蓄胡子当作极重要的事情，显然与问话目的不相符合。他表面上好像是在回答那先生，其实并没给他什么有用信息。在谈判中利用这种幽默技巧也能起到让对方摸不清己方虚实的作用，从而赢得谈判的主动权。

答非所问很讲究技巧，抓住表面上某种形式上的关联，不留痕迹地闪避实质层面，有意识地中断对话的连续性，求得出其不意的表达，幽默旨在另起新灶，跳出被动局面的困扰。

在一次联合国会议休息时，一位发达国家外交官问一位非洲国家大使：“贵国的死亡率一定不低吧？”非洲大使答道：“跟贵国一样，每人死一次。”

外交官的问话是对整个国家而言，是通过对非洲落后面貌的讽刺来进行挑衅。大使没有理会外交官问话的要害点，而故意将死亡率针对每个人，颇具匠心的回答，营造着别样的幽默效果。有效地回敬了外交官的傲慢，维护了本国尊严。

谈判中，由于双方在表达与理解上的不一致，错误理解对方讲话意思的事情是经常发生的。当谈判对手对你的答复做了错误的理解，而这种理解又有利于你时，你不必去更正和解释，而应该幽默地将错就错，因势利导。总之，谈判中的应答技巧不在于问题回答得"对"或"错"，而在于应该说什么和如何说，怎么更好地处理突发情况。

幽默是智慧的产物

幽默是智慧的产物。如果把幽默比拟成一个美人，她应该是内涵丰富、艳若桃花、气质如兰的，她应当能给人带来愉悦的享受。她比滑稽更有气质，也更加耐人寻味。幽默之美表现在三个方面。

幽默之美，首先在于一种喜剧精神。我们说幽默具有喜剧精神，并不是说要将幽默看成一种喜剧。幽默本身是独立的，它自成体系。幽默中的喜剧精神是就它和喜剧一样能使人愉快这一点而言。喜剧的未必是幽默的，如：

> 卓别林的第一个喜剧的场景是这样的：他走进了休息室，绊倒在一位老太太的脚上。他转身向她抬了抬他的帽子，表示道歉；接着，刚扭过身，又绊倒在一个痰盂上，于是又转过身去向痰盂抬了抬他的帽子。

从喜剧精神方面来说，与上述略带闹剧色彩和滑稽习气的喜剧相比，幽默应该用感官触角引起人们的想象，从而使人产生生理和心理上合二为一的美感。

134

幽默之美，其次在一种意境。表达者通过自己的精心安排，诱导欣赏者经过前因后果的推理、联想，最终产生一种心理愉悦。下面这则幽默很能表现意境之美：

　　有人问前世界轻量级拳击冠军琼·瓦特："你愿意写什么样的墓志铭？"琼·瓦特笑着回答："你爱数多少下就数多少下吧！反正我这次是起不来了。"

　　体育竞技是人类挑战生理极限的运动，利用它作为素材来制造幽默，能给人以美的联想。幽默之美又是含蓄之美。林雨堂说："幽默愈幽愈默而愈妙。"

　　拿喝茶来说。在最好的茶的品类里，无论是西湖龙井，还是铁观音、碧螺春，都是刚喝的时候好像不觉得有什么特别的好味道，静默几分钟后才品味出茶中"只可意会，不可言传"的妙处。若有人因为铁观音的味道不太强烈，先加牛奶再加白糖，那只能说他不会喝铁观音。幽默也是雅俗不同，愈幽而愈雅，愈默而愈俗。幽默虽然不必都是幽隽典雅，然而从艺术的角度来说，自然是幽隽的比显露的更好。幽默固然可以使人隽然而笑，失声哈哈大笑，甚至于"喷饭""捧腹"而笑，而最值得欣赏的幽默，却是能够使人嘴角轻轻上扬的微笑。

　　在前苏联流传着一则《三个囚犯的对话》的小幽默：
　　甲问乙："你究竟干了什么事，被抓到集中营来了？"
　　乙回答说："因为我在1953年骂了伊万诺维奇。"

乙又问甲："你为什么也被关到集中营来了？"

甲恨声答道："和你一样，也是因为骂了伊万诺维奇；不过，我是在1963年。"

他们两人同时问丙："你是因为什么被关在这里的呢？"

丙凄惨地笑了笑："你们虽然不认识我，但你们早就听说过我，我就是伊万诺维奇，我是1973年被关进来的。"

这个幽默直接将人们带到可怕而丑恶的现实面前。看完之后，不禁会在心里骂一句"活该，害人者终害自己"。紧绷的神经随之松快下来，不禁因意会而微笑。

用幽默表达自己的意见

自古以来我们一直这样开妇女的玩笑，形容女人很会花钱，并爱迟到。

"我太太只有一件事会准时到，就是买东西。"

隐瞒年龄。"我太太说她的28岁生日快到了，但是她面对的是相反的方向。"

"谁说女人不会保守秘密。只不过是需要保密的女人更多而已。"

而男人是：粗心大意，不够体贴。"你太沉迷于高尔夫球了。"太太抱怨，"你连我们的结婚纪念日都不记得了。""我当然记得，"丈夫抗议，"就是我挥出35尺一杆进洞的那一天。"漫不经心，不懂欣赏。

"五年来，我先生从来没有好好看过我一眼。"有一位妻子抱怨，"要是将来我有了什么三长两短，我恐怕他也没法去认尸了。"

脾气坏，爱批评。太太开玩笑地对丈夫说："你需要一个自动闹钟在早上叫醒你。"丈夫不太高兴地说："不必了，有你这样一个长舌妇在旁边就够了。"

角色的对调可以激发我们以新的方式来发挥幽默力量。生活中，我们对亲人会有各种各样的看法，有时候是好的看法，有时候则是不好的。当我们对亲人有不好的看法时，如果直言不讳，言辞激烈，则难免伤害对方。如果能将话语制成"糖衣炮弹"，对有缺点的一方进行善意的揶揄和有节制的讽劝，以幽默的方式送给对方，那么就既达到了批评对方的目的，又增加了趣味的成分，既使对方心甘情愿地改正错误，又不会伤害感情。可以想象，其收效肯定要比直言不讳强。请看下面这位丈夫是怎样巧妙地借机批评他的妻子对母亲不孝顺的。

妻子对丈夫说："我生了女孩，你妈妈说什么了吗？"

丈夫回答："没有，她还夸你呢。"

妻子认真地问："真的，夸我什么？"

丈夫一字一句地说："夸你有福气，将来用不着担心看儿媳妇的脸色行事了。"

这位丈夫没有直接表达对妻子不孝顺母亲的不满，而是以幽默的方式道出，通过这种温和的批评方式，让妻子从一个母亲的角度来看这件事情，使她在回味之余，更容易接受批评并加以改正。

日常生活中许多生活琐事往往会引发大的干戈，其原因之一是双方的话语中都缺少一种幽默的成分。如果在批评亲人的时候能采用幽默的方式，那么你的批评就已经成功一半了。例如：

妻子已经有两个礼拜没有打扫房间的卫生了。丈夫对妻子的懒惰和邋遢十分不满，就对妻子说："亲爱的，上星期你工作很忙，没有时间做家务，如果这个星期你仍然忙的话，我还可以替你再做一周家务。"

这样，就比严厉地指责她的懒惰与疏忽大意来得轻松一些，也更容易被对方接受。

男人也许不愿意自己扮演这样的父亲：怀里抱着啼哭的婴孩在客厅里走来走去，而母亲正在卧室里休息。

这位父亲对着卧室喊道："从来没有人问我，如何使婚姻与事业兼顾的。"

当然，懒惰的不仅仅是妻子。结婚后，家务事变得多了，有的丈夫很懒惰，即使工作不太忙，也不肯帮妻子动动手。对此，妻子可运用幽默刺刺丈夫。

妻子在厨房忙完以后，对久坐不动专等着吃饭的丈夫说："今晚的菜，你可以选择。""是吗？都有些什么菜？"

"炒土豆。"

"还有呢！"

"没有了。"

"那你让我选择什么啊？"

"吃还是不吃？"

即使丈夫再懒，做妻子的最终还是会原谅他，不过妻子可以用幽默的方法来提醒他。

一对年轻的夫妇，我们姑且称他们为玛丽和约翰。他们订购了一批郁金香球茎，要在秋天种植。玛丽好几次提醒约翰去种球茎，但是他老是拖延下来。最后她自己种了。

他很高兴——直到春天，郁金香长出来了，开满了各色的花，拼出"懒惰的约翰"的字样。

如果妻子把丈夫管得太严，丈夫往往会感到很不自由。

有一位已婚的朋友，计划来一次单身旅行到"千岛"，他太太的反应令他不太高兴。

他当着妻子的面对来家里做客的朋友说："她没说不准我去，只是她要我在每个岛上待一个星期。"

小气的妻子往往把家里的财物管得很严，丈夫会觉得很不方便，这时候要表达不满可以向下面这位先生学习：

儿子问父亲："爸爸，阿尔卑斯山在哪里？"

父亲漫不经心地回答说："去问你妈！她把什么东西都藏起来了。"

当你以幽默的言语与亲人交流时，你可以制造机会并获得你想要的东西，幽默的言语有助于增进家人感情。

有一位先生回家时，装作气喘如牛的样子，却又得意洋洋地对妻子说："我一路跟在公共汽车后面跑回来，"他喘着气说，"这一来我省了一元钱。"

他妻子笑着说："你何不跟在计程车后面跑，可以省下五元钱！"

上面这个幽默故事中，丈夫所说的明显是假的，他要表达的是妻子对他的钱管得太紧了，他不得不省钱跑回家。妻子理解丈夫的意思，在莞尔一笑的同时，以幽默的话回避了丈夫的话题。

幽默是一种灵活的表达方式，他可以明确而又温和地表达出我们对亲人的看法。让亲人平和地了解到我们的想法，重新审视他们自身，改正他们的错误，弥补他们的不足。

机智性幽默的作用更大

幽默不是深思熟虑的产物，而是随机应变，自然而成的结晶。幽默往往与快捷、奇巧相连。

开往日内瓦的列车上，列车员正在检票。一位先生手忙脚乱地寻找自己的车票，他翻遍所有的口袋，终于找到了。他自言自语地说："感谢上帝，总算找到了。"

"找不到也不要紧！"旁边一位绅士说，"我到日内瓦去过20次都没买车票。"

他的话正好被一旁的列车员听到，于是列车到日内瓦车站后，这位绅士被带到了拘留所，受到严厉的审问。

"您说过，您曾20次无票乘车来到日内瓦。"

"是的，我说过！"

"您不知道这是违法行为？"

"我不这么认为。"

"那么，无票乘车怎么解释？"

"很简单，我是开着汽车来的。"

这位先生真是有"把稻草说成金条"的本事。无可非议，他以前做过无票乘车者，但能巧妙地运用幽默为自己开脱，列车员能拿他怎么办？这就是幽默的力量。

事事都求"自然成文"为好，幽默也是如此。有准备的幽默当然能应付一些场合，但难免有人工斧凿之嫌；临场发挥的幽默才是最精粹、最具有生命力的，也是最难把握的至高境界。

俄国学者罗蒙诺索夫生活简朴，不大讲究穿着。有一次，有位衣冠楚楚但又不学无术的德国人，看到他膝盖部位有一个破洞，便指着那里挖苦他说："在这个破洞里，我看到了您的聪明才智。"罗蒙诺索夫毫不客气地回敬："先生，从这里我却看到了另一个人的愚蠢。"德国人借衣服破洞，小题大做、贬损别人，反映了他的无耻和恶劣的品质。罗蒙诺索夫抓住这点，机敏地选择了与聪明相对的词语"愚蠢"，准确地回敬了对方，使其自食恶果。

周恩来总理也是一个智慧的幽默大师，他的幽默绝无哗众取宠、故弄玄虚之嫌，无论是情感的流露，还是自信的表述，无不是随机应变，嫁接自然，使人在轻松自然中领悟其中的真谛。

在中国人民的老朋友——美国记者安娜·路易斯·斯特朗80岁的庆祝会上，周恩来就巧妙抓住西方女士喜欢别人说她们年龄小的特点，并与中国特有的计量单位"公斤、公里"都比国际通用的"斤、里"数值小一半的情况联系起来。他笑着建议大家为斯特朗女士40"公岁"举杯庆贺。满座来宾听到他这幽默的话语，皆捧腹大笑，斯特朗更是笑出了眼泪。

从以上几个例子我们可以看出，随机应变的幽默也要借助其他一些事物。罗蒙诺索夫借助的是膝盖部位衣服的一个破洞，周恩来借助的是中国特有的"公斤、公里"的"公"字。下面这个例子中幽默的制造者则是借助了自己的职业。

英国作家狄更斯爱钓鱼。有一次，他正在一条河里钓鱼。

一个陌生人走到他跟前问："先生，您在钓鱼？"

"是啊，"狄更斯毫不迟疑地回答，"今天钓了半天了，也没一条鱼上钩；可是在昨天，也是在这个地方，我却钓到了15条鱼！"

"是吗？"陌生人问，"那你知道我是谁吗？我是这条河的管理人员，这段河面上是严禁钓鱼的！"说着，那陌生人从口袋里掏出一本发票簿，要记下眼前这个垂钓者的名字并罚款。见此情景，狄更斯连忙反问："那么，你知道我是谁吗？"

当陌生人惊讶之际，狄更斯直言不讳地说："我是作家狄更斯。你不能罚我的款，因为虚构故事是我的职业。"

狄更斯在这里用变而又变的幽默手法，表现出了非凡的灵敏和机智。

幽默是一种生活艺术，是一种气质，是一种智慧的表现。幽默从机智出发，赋予机智以新的动力，同时也对幽默自身的意念、态度和手法产生影响。当机智在幽默中以其理性姿态出现时，则构成了机智性幽默这一新生物。

正话反说的幽默作用

说出来的话，所表达的意思与字面完全相反，就叫正话反说。如字面上肯定，而意义上否定；或字面上否定，而意义上肯定。这也是产生幽默感的有效方法之一。使用这种方法能够在不直接指明对方错误的基础上，使他们自我反省并认识自己的错误。

有一则宣传戒烟的公益广告，上面完全没提到吸烟的害处，相反地却列举了吸烟的四大好处：一、节省布料。因为吸烟易患肺痨，导致驼背，身体萎缩，所以做衣服就不用那么多布料；二、可以防贼。抽烟的人常患气管炎，通宵咳嗽不止，贼人以为主人未睡，便不敢行窃；三、可防蚊虫。浓烈的烟雾熏得蚊虫受不了，只得远远地避开；四、永葆青春。不等年老便可去世。

这里说的吸烟的四大好处，实际上是吸烟的害处，却正话反说，显得很幽默，让人们从笑声中悟出其真正要说明的道理，即吸烟危害健康。

正话反说的幽默技巧当然不只可以用到广告宣传中，在面对面的交流中，这种幽默技巧也有广泛的使用空间。

丘吉尔为了出席宫殿举行的演讲，超速开车，以致被一名年轻警员逮住了。"我是丘吉尔首相。"丘吉尔不慌不忙地说。"乱说，你一定是冒牌货！"警官这么一说之后，大英帝国的首相谢罪了。他说："你猜对了！我就是冒牌货！"

这么一来，警官面露微笑，放过了这位世界上著名的伟人。

丘吉尔在一本正经表明身份的时候，被警员怀疑。然后，他就换了一种方式，正话反说，这样反而使警员摸不清虚实，使得警员抱着一种"宁可信其有，不可信其无"的心态放过了他。

当我们需要表达内心的不满时，也可以使用正话反说的幽默技巧，让别人听起来顺耳一些。

杰克和他的情人想喝咖啡，但端上来的咖啡差不多只有半杯，这时杰克笑嘻嘻地对咖啡店主人说："我有一个办法，保证叫你多卖出三杯咖啡，你只消把杯子倒满。"

杰克巧妙地运用正话反说的幽默来表达失望感，却不致给对方带来难堪。也许杰克并没有喝到满满一杯咖啡，但杰克一定会得到友善、愉快的服务，咖啡店主人或许还会请杰克下次再光临该店。

这种正话反说的幽默技巧不仅被人们广泛使用，其实古人中的智慧者很久以前就已经能够成熟运用这技巧了。

　　秦朝的优旃是一个有名的幽默人物。有一次，秦始皇要大肆扩建御园，多养珍禽异兽，以供自己围猎享乐。这是一件劳民伤财的事，但大臣们谁也不敢冒死阻止秦始皇。这时能言善辩的优旃挺身而出，他对秦始皇说："好，这个主意很好，多养珍禽异兽，敌人就不敢来了，即使敌人从东方来了，下令麋鹿用角把他们顶回去就足够了。"秦始皇听了不禁破颜而笑，并破例收回了成命。

　　优旃的话表面上是赞同秦始皇的主意，而实际意思则是说如果按秦始皇的主意办事，国力就会空虚，敌人就会趁机进攻，而麋鹿用角是不可能把他们顶回去的。这样的正话反说，因为字面上赞同了秦始皇，优旃足以保全自己；而真正的含义，又促使秦始皇不得不在笑声中醒悟，从而达到了他的说服目的。

第六章

察言观色，读懂对方心思再回话

有效回答是沟通得以延续的基础，有效沟通可以保证在信息传递的同时达成共识。往往我们在回答问题的时候，只是将注意力放在语言的组织上，而忽略了沟通对象的微表情、微动作。所以，在回答问题时，要注意观察提问者的微表情、微动作。如果能够判断和掌握对方的心理活动，了解对方内心真正的需求，无疑会提高回答的有效性。

察言观色是一门学问

不可否认，生活中有许多人是沟通高手，他们都非常善于隐藏自己的真实想法。无论是从他的语言还是表情，我们都很难窥知端倪。但细心的你不知发觉没有，其内心情绪的变化往往会通过形象暴露出来，如神态、举止等。

虽然大多数时候，人们是用语言进行沟通和交流的，但语言并不是沟通的全部。无论是说话者还是听话者，信息的准确传播和接受，都还得借助双方的表情、姿态、动作等形象语言。

通过对方无意中显示出来的态度、姿态，了解他的心理，有时能捕捉到比语言表露得更真实、更微妙的内心想法。春秋时期的淳于髡就是这样一个高手。

梁惠王雄心勃勃，广召天下高人名士。有人多次向梁惠王推荐淳于髡，因此，梁惠王连连召见他，每一次都摒退左右与他倾心密谈。但前两次淳于髡都沉默不语，弄得梁惠王很难堪。事后梁惠王责问推荐人："你说淳于髡有管仲、晏婴的才能，哪里是这样，要不就是我在他眼里是一个不足与言的人。"

推荐人听后也很纳闷，就去质问淳于髡，他笑笑回答道："确实如此，我也很想与梁惠王倾心交谈。但第一次，梁惠王脸上有驱驰之色，想着驱驰奔跑一类的娱乐之事，所以我就没说话。第二次，我见他脸上有享乐之色，是想着声色一类的娱乐之事，所以我也就没有说话。"

那人将此话告诉梁惠王，梁惠王一回忆，果然如淳于髡所言，他非常叹服淳于髡的识人之能。

从表情上，读透内心所蕴藏的玄机，是识人高手厚积一世而薄发一时的秘技。

1973年，美国心理学家拜亚曾经做过这样一项实验。他让一些人表现愤怒、恐怖、诱惑、无动于衷、幸福、悲伤6种表情，再将录制后的录像带放映给许多人看，请观众猜何种表情代表何种感情。其结果是，观看录像带的这些人，对此6种表情，猜对者平均不到两种。可见，表演者即使有意摆出愤怒的表情，也会让观众以为是悲伤的感情。

从这个事例上看，虽然表情对揭示性格有很大程度上的可取性，表情相对于语言更能传递一个人的内心动向，但要在瞬间看破人心，看似简单，实属不易。人类在长期生活实践中，学会了掩饰内心真实情感的手段，这种手法在现代商业谈判中屡见不鲜。洽谈业务的双方，一方明明在很高兴地倾听对方的陈述，且不时点头示意，似乎很想与对方交易，对方也因此对这笔生意充满信心，但是没想到对方最后却表示："我明白了，谢谢你，让我考虑一下再说吧。"这无疑给陈述方当头浇了一盆冷水。

所以，人们在通常情况下，没有经过相当程度地对人们内心活动的研究，是不太容易探视出人心的真面目的。

深谙人情世故的处世高手与他人交往时，往往能对他人的言语、表情、手势、动作以及看似不经意的行为有较为敏锐细致的观察，从而掌握对方意图的先决条件，测得风向好使舵。和对方打交道时，如果能对其一手一足、一颦一笑细心观察，我们便能洞悉其内心：

1. 说话时不抬头，不看人。这是一种不良的征兆——轻视下属，认为此人无能。

2. 从上往下看的人。这是一种优越感的表现——好支配人、高傲自负。

3. 久久地盯住对方看——他在等待更多的信息，他对下级的印象尚不完整。

4. 领导友好和坦率地看着对方，或有时对对方眨眨眼——对方很有能力、讨他喜欢，甚至错误也可以得到他的原谅。

5. 目光锐利，表情不变，似利剑要把对方看穿。这是一种权力、冷漠无情和优越感的显示，同时也在向对方示意：你别想欺骗我，我能看透你的心思。

6. 偶尔往上扫一眼，与对方的目光相遇后又朝下看，如果多次这样做，可以肯定对对方还吃不准。

7. 向室内凝视着，不时微微点头。这是非常糟糕的信号，它表示要对方完全服从他，不管下属们说什么，想什么，他一概不理会。

8. 双手合掌，从上往下压，身体起平衡作用——表示和缓、平静。

9. 双手叉腰，肘腕向外撑，这是好发命令者的一种传统肢体语言，往往是在碰到具体的权力问题时所做的姿势。

10. 坐在椅子上，将身体往后靠，双手放到脑后，双肘向外撑开，这固然说明他此时很轻松，但很可能也是自负的意思。

11. 食指伸出指向对方——一种赤裸裸的优越感和好斗心。

12. 双手放在身后互握，也是一种优越感的表现。

13. 拍拍对方的肩膀——对下属的承认和赏识，但只有从侧面拍才表示真正承认和赏识。如果从正面或上面拍，则表示小看下属或显示权力。

14. 手指并拢，双手构成金字塔形状，指尖对着前方——一定要驳回对方的示意。

15. 把手握成拳头——不仅要吓唬别人，也表示要维护自己的观点，倘用拳头敲桌子，那干脆就是企图不让人说话。

人的面部表情就好像"天气预报"，它告诉你什么时候"刮风"，什么时候"下雨"，因此，和他人说话时要察言观色，这样才能做到有的放矢。

揣摩对方心理，把话说到心窝里

卡耐基说："一个人的成功，约有15%取决于技术知识，85%取决于口才艺术"。可见，一个人是否会说话办事，已成为一个人生活及事业能否取得成功的关键因素。

很多时候，办事绝不仅仅是金钱上的往来，从一定意义上来说，它更是人与人之间感情的交流，好的语言能让人为你心甘情愿的办事，如果有人能抓住对方的心思说话，那么他的语言就达到了艺术的最高境界。

抓住对方的心思说话，有两种情况，一种是抓住对方的优点来说话，一种是对大家不注意的细微优点来赞美。两者比较，我相信大家一定会认为后一种说话会更加令人喜悦。

清代，在童监的挑选中，安德海认识了黄承恩这个举足轻重的关键人物，要想在宫内站稳脚跟非讨得黄公公喜欢不可。安德海有一套讨人喜欢的本事，他有几个得天独厚的条件：第一，他与黄承恩是老乡，都是青县人，又有陈公公的推荐；第二，安德海长了一副好模样，天生的笑脸儿；第三，安德海聪明过人，会来事儿，加之他面对黄公公一个头磕在了地上，认了个恩师，师徒之间如同父子。安德海那点儿本事算是施展开了，他真的是很殷勤，小心伺候，早晚不用指使便主动给师傅铺床叠被倒便盆儿，端饭打水洗衣衫，满口地喊着老师，哄得个黄老太监是满心高兴。黄总管心说：这孩子果然是棵好苗子，于是对他格外关怀，把宫中的礼节、称呼、规矩、忌讳等都一一告诉了安德海，就连最常用的知识也都告诉了他。如对皇上应称万岁，皇上和后妃吃饭要说用膳，饭后问好要说进得好，起床问安要说歇得好，凡皇上家族里的人最忌讳提名字，音同字不同也不行，一旦触怒主子，轻则遭顿毒打，重则招来杀身之祸……这些宫里的礼仪都教给了他。这些东西，安德海全都记在了心里，他怕忘记，反复背诵，反复演习，为了讨得主子的欢心，他可真是下了一番工夫。

再来说说这个道光皇帝吧，他共有九个儿子，前边三个都死了，第四个皇子便是奕𬣞，若论长幼，应立四皇子奕𬣞为太子，可六皇子奕䜣无论是口才、文才、武功都比奕𬣞强，因此道光一直拿不定主意，对四皇子和六皇子进行了很多次的掂量考验。

道光三十年春，这天风和日丽，道光要带领六个皇子去南苑打猎，意在考验各个皇子文才武略和应变能力，为以后皇位的确定留下一个参考。皇帝要选太子，这已是公开的秘密了，因此六个皇子各做准备，都想取得父皇的欢心，以便将来获得皇位，尤其是四皇子奕𬣞和六皇子奕䜣，不用说他们就是相互争夺的对手了。

四皇子有一个足智多谋的老师——杜受田，他在四皇子身上下的工夫很大，希望他能登上皇位，自己也跟着沾光，可他也掂量过，奕𬣞与其他皇子比较起来，除了排行第四占了个有利的位置之外，其他方面都平常，甚至比其他皇子略逊一筹，如若稍一让步，这皇位定然被六皇子夺去，他为了这事很着急。

安德海看出了门道，上前问道："杜老大，你老人家满脸愁容，定有为难之事，莫不是为明日行围采猎之事？"

四皇子一旁喝道："不许胡说！"

安德海道："嘘！"

杜受田心想，这孩子能看出我的心事，看来是个有心计的孩子，随口道："不，让他说下去！"

安德海道："我曾听人讲过，三国时曹操的大儿子曹丕和三儿子曹植也有与现在相似之处，不过奴才记不太清楚了。"

杜受田眼睛一亮，把手一摆道："好了，不必往下说了，你说得很好，很有道理。"

奕䜣不解其意，问师傅道："这是怎么回事呀？"

杜受田道："你到时候就如此这般、这般如此，这么、这么办！"

四皇子听后连连点头称是。

过了一天，道光带领六个皇子来到南苑，传旨开始围猎。诸位皇子各显身手，直追得那些飞禽走兽东奔西跑，到处乱蹦乱飞，其中最数六皇子奕䜣，几乎箭无虚发，满载而归，而四皇子奕䜣却是两手空空，一无所获。道光帝不由龙颜大怒，大声呵斥。奕䜣因有老师提前安排，不慌不忙地奏道："儿臣以为目前春回大地，万物萌生，禽兽正是繁衍之期，儿臣不忍杀生害命，恐违上天好生之德，是以空手而回，望父皇恕罪。"道光帝听罢，心想这倒是我没有想到的他却想到了，倘若让他继位，必能以仁慈治天下，不禁转怒为喜，立即对四皇子的仁慈之心进行了一番夸奖。

没过几年，道光便得了重病，知道自己活不了多少时日，急唤诸皇子到御榻前答辩。消息传开，四皇子和他的老师杜受田都知道这是最关键的一次较量了，能否登基在此一举，他们二人都做好充分的心理准备，但两人对坐半日却苦无一策，安德海又献上一计说："万岁爷病重，到御榻前之后什么也不用说，只说愿父皇早日康复就行，剩下的就是流泪，却不要哭出声来。"二人一听大喜。

到了第二天，六位皇子被诏至龙床前，果然道光提出了一些安邦治国的题目让诸皇子回答，别人谁都比不上六皇子答的头头是道，道光甚为满意，却发现四皇子一言不发。道光一问，他头一扭泪如雨下说："父皇病重，龙体欠安，儿臣日夜祈祷，唯愿父皇早日康复，此乃国家之幸，万民之福，此时儿臣方寸已乱，无法思及这些。倘父皇如有不测，儿臣情愿龙驾而行，以永侍身旁。"说完这些话就泪如雨下，泪水擦也擦不完。

道光听了他说的话，心中太感动了，心想此真孝子仁君，于是决心立四子奕𬣞为太子，这就是二十岁登基的"咸丰"皇帝。因为安德海在关键时候立了大功，所以越来越受咸丰的喜爱，地位自然就越来越高了。

每一个人都有说话的权利，但是如果想要成功做事，你就必须考虑一下你说出的话是否能抓住对方的心思，会带来什么样的后果，只有让你的语言首先经过大脑这一关，那么你说的话才会收到好处，才会收获成功。

善于观察与利用对方的微妙心理，是帮助自己提出意见并说服别人的要素。

面部表情刻画出内心世界

美国心理学家艾伯特·赫拉别恩在一系列实验的基础上，于1968年提出了这样一个公式：交流的总效果=7％的文字+38％的音调+55％的面部表情。从这一公式可以看出，属于非言语的音调和面部表情在信息交流中的作用是非常之大的。

我们知道，表情的变化是人们内心世界的外在体现，它无时无刻不在传递着各种各样的信息。既然如此，我们为什么不能通过这些表情变化，去了解别人的意图，去促进交流沟通的效果呢？如果我们在人际交往中，不但能够注意到对方的表情变化，还善于用表情说话，那么，我们在与他人交流沟通时便会变得更为和谐，通畅。因为，表情在人际交往中可以起到非同小可的作用。

1. 协调强化的作用。

协调强化是指在交际过程中，用表情配合话语以图达到强化的效果，从而使语言的内容更加鲜明突出。在文学名著《围城》中有这样的一段：

> 饭后谈起苏小姐和曹元朗订婚的事，辛楣宽宏大度地说："这样最好。他们志同道合，都是研究诗的。"……大家都说辛楣心平气和地要成"圣人"了。"圣人"笑而不答，好一会儿，取出烟斗，眼睛顽皮地闪光道："曹元朗的东西，至少有苏小姐读，苏小姐的东西，至少有曹元

朗读。彼此都不会没有读者，这不好吗？"大家笑说辛楣还不是圣人，但可以做朋友。

苏小姐是赵辛楣的意中人，但是她并不爱赵辛楣，她追求方鸿渐，可是方鸿渐又不爱她，于是她赌气嫁给了曹元朗。曹元朗曾经被方鸿渐等人取笑为"四喜丸子"，是个又老又丑又呆的人。大家对苏、曹的结合感到莫名其妙。赵辛楣所做的解释是一种幽默的讽刺，他所做的表情"笑而不答""眼睛顽皮地闪光"，与说话的内容协调一致，强化了幽默讽刺的意味，使谈话场合的诙谐气氛更加浓烈。

为了更深入地了解面部表情在交流时所起到的强化作用，让我们再看《红楼梦》第二十九回中的一段：

二人闹着，紫鹃、雪雁等忙来解劝。后来见宝玉下死劲地砸那玉，忙上来夺，又夺不下来。见比往日闹得大了，少不得去叫袭人。袭人忙赶了来，才夺下来。宝玉冷笑道："我是砸我的东西，与你们什么相干！"袭人见他脸都气黄了，眉眼都变了，从来没气得这么样，便拉着他的手，笑道："你和妹妹拌嘴，不犯着砸他，倘或砸坏了，叫他心里脸上怎么过得去呢？"黛玉一行哭着，一行听了这话，说到自己心坎儿上来，可见宝玉连袭人不如，越发伤心大哭起来。心里一急，方才吃的香薷饮，便承受不住，"哇"的一声，都吐出来了。紫鹃忙上来用绢子接住，登时一口一口地，把块绢子吐湿。雪雁忙上来捶揉。

紫鹃道："虽然生气，姑娘到底也该保重些。才吃了药，好些儿，这会子因和宝二爷拌嘴，又吐出来了，倘或犯了病，宝二爷怎么心里过得去呢？"宝玉听了这话，说到自己心坎儿上来，可见黛玉竟还不如紫鹃呢。又见黛玉脸红头胀，一行啼哭，一行气凑，一行是泪，一行是汗，不胜怯弱。宝玉见了这般，又自己后悔："方才不该和他较真，这会子他这样光景，我又替不了他。"心里想着，也由不得滴下泪来了。

宝玉一边说，一边"冷笑"，"脸都气黄了，眉眼都变了，从来没气得这么样"，这样的表情更加强化了他言语中的意思，使得周围的空气越发紧张起来，把众人都吓坏了。当他看到黛玉"脸红头胀，一行啼哭，一行气凑，一行是泪，一行是汗，不胜怯弱"，又后悔了，"由不得滴下泪来"。这一哭，眉眼于是恢复了原状，才把紧张的气氛缓和下来。

2. 弥补暗示的作用。

在交际过程中，有时不便说话，有时话语的力量达不到，有时嘴上说的与心里想的不一样……在这样的场合，人们往往用表情来补充暗示出自己内心的思想感情。

在有些场合，说者的意思不适合用言语表达时，也可以用表情进行暗示，例如《红楼梦》第四十二回中的一段：

宝玉和黛玉使个眼色儿，黛玉会意，便走至里间，将镜袱揭起。照了照，只见两鬓略松了些，忙开了李纨的妆奁，拿出抿子来，对镜抿了两抿，仍旧收拾好了，方出来指着李纨道："这是叫你带着我们做针线、教道理呢，你反招了我们来大玩大笑的！"

宝玉和众姐妹在李纨处一起说笑，忽然看到黛玉的头发有点乱了。在当时的社会背景下，宝玉如果当众说出来，会使黛玉很难堪，如果他亲自动手为黛玉整理，更不成体统。他便使了个眼色，向黛玉暗示，既传递出进里屋整妆的信息，又包含着对黛玉的体贴入微。

下面再来看一段《红楼梦》第二十六回的一段：

这里小红刚走至蜂腰桥门前，只见那边坠儿引着贾芸来了。那贾芸一面走，一面拿眼把小红一溜。那小红只装着和坠儿说话，也把眼去一溜贾芸，四目恰好相对，小红不觉把脸一红，一扭身往蘅芜苑去了。

小红和贾芸相互爱恋，但又不好意思当面表白。在坠儿面前就更不好意思交谈了，小红一边假装与坠儿说话，一边用眼神同贾芸传递情爱，当四目相对时又害起臊来，羞红了脸，这"拿眼一溜""四目恰好相对""不觉把脸一红"，把眉目传情描绘得惟妙惟肖。

从眼神窥视对方动机

眼睛是上帝赐给人类的礼物。从一个人的眼睛中，可以读懂一个人的全貌。一个人所思所想，很多时候会通过他的眼神表现出来，通过观察一个人丰富的眼睛语言，也可以在某种程度上对他有一个大致的了解和认识。

在面部的五官中，眼睛是监察官，这大概是因为它"明察秋毫"。人要传出的信息，也有一部分是通过眼睛传出，尤其是情感方面的内容。人的精神气质，喜怒哀乐，很大程度上是由眼睛所显示出来的，炯炯有神、眉目传情、暗送秋波、眼睛是心灵的窗户，都是这个意思。同时，眼睛又是人的身体健康状况的显示屏。眼睛黑白分明，神气清爽，是健康之象；灰暗浑浊，枯涩呆滞，是不健康之象；顾盼无光，昏花恍惚，是衰弱之象。正因为眼睛对于面孔如此的重要，所以说"目者面之渊，不深则不清"，渊要深才清，清才美。目也应该深，从而至清并至美，否则，便不会清，也不会美。

泰戈尔说得好："任何人一旦学会了眼睛的语言，表情的变化将是无穷无尽的。"

有时，眼睛似乎也会说话，一个人的内心活动，经常会反映到他的眼睛里，心之所想，透过眼睛就能看出，这是每个人都很难隐瞒的事实。

孟子在《离娄上篇》中有一段用眼睛判断人心善恶的论述："存乎人者，莫良于眸子。眸子不能掩其恶：胸中正，则眸子了焉；胸中不正，则眸子眊焉。"

眼神的清浊，对于识人而言，至关重要。古人通过不断的研究和观察，把眼神区别为清与浊两种，清与浊是比较容易区别的，但邪与正却不容易区分，因为邪与正都是托身于清之中的。考察一个人眼神的邪正，要从动静两种状态入手。

眼睛处于安静状态时，目光安详沉稳而有光，宛如晶莹玉亮的明珠，含而不露；处于运动观物状态时，眼中光华生辉，精气闪动，犹如春水之荡清波。或者眼睛处于安静状态时，目光清莹明澄，静若无人；处于运动状态时，锋芒内蕴，精光闪射，犹如飞射而出的箭，直中靶心。以上两种表现，澄澈明亮，一清到底，属神正的状态。

眼睛处于安静状态时，目光像萤火虫的光，柔弱却又闪烁不定；处于运动状态时，目光又像流动的水，虽然清澈，但游移不定，没有归宿。以上两种目光，一种属于奸巧和伪善的神情，一种属于奸心内萌的神情。处于安静状态时，眼睛似睡非睡，似醒非醒；处于运动状态时，又像受惊吓的鹿，总是惶恐不安的样子。以上两种神态，一是聪明而不行正道的表现，一是深谋内藏、又怕别人窥探的表现。前一组神情多是品德欠高尚、行为欠端正的表现，后一组神情多是奸心内萌、深藏不露的表现。这两种状态都属于奸邪神情，由于二者都混迹在清莹之中，因此必须仔细、正确地区分。

观察一个人的"眼神"，是辨别他忠奸的一个途径。"眼神"正其人大致正直，"眼神"邪其人大致奸邪。平常所说的"人逢喜事精神爽"，是不分品质好坏而人所共有的精神状态。诸葛亮就是这样一个通过眼神识别人物的高手。

当时，曹操派刺客去见刘备，刺客见到刘备之后，并没有立即下手，并且与刘备讨论削弱魏国的策略，他的分析，极合刘备的意思。

不久之后，诸葛亮进来，刺客很心虚，便托词上厕所。

刘备对诸葛亮说："刚才得到一位奇士，可以帮助我们攻打曹操的势力。"

诸葛亮却慢慢地叹道："此人见我一到，神情畏惧，视线低而时时露忤逆之意，奸邪之形完全泄漏出来，他一定是个刺客。"

于是，刘备连忙派人追出去，刺客已经跳墙逃去了。

在瞬息之间，透过眼神的变化，看出一个人的目的和动机，固然需要先天的智慧，但更多的是靠后天的努力，因为这种智慧是在环境中磨炼和培养出来的。诸葛亮能够看透此人，主要是从他的眼神闪烁不定中发现破绽的。所以，通过观察一个人丰富的眼睛语言，也可以在一定程度上对他有一个大致的了解和认识。

1. 当一个人对另一个人产生了好感，他没有用语言表达出来的时候，多会用一种带有幸福、欣慰、欣赏等感情交织在一起的眼光不住地打量对方。

2. 当一个人表示对另一个人的拒绝时，他会用一种不情愿，甚至是愤怒的眼神，轻蔑地进行嘲讽。

3. 当一个人看另一个人时，用眼光从上到下或是从下到上不住地打量时，表示了对他人的轻蔑和审视。而且这个人有良好的自我优越感，不过有些清高自傲，喜欢支配别人。

4. 在谈话的时候，如果有一方眼光不断地转移别处，这说明他对所谈的话题并不是十分感兴趣，另一方意识到这一情况后，应该想办法改善这种局面。

5. 在谈话中，一方的眼神由灰暗或是比较平常的状态，突然变得明亮起来，表示所谈的话题是切合他心意的，引起了他极大的兴趣，这是使谈话顺利进行的最好条件和保证。

6. 在两个人的谈话中，一个人在说话时，既不抬头，也不看另外一人，只顾说自己的，这很大程度上是表示对另外一个人的轻视。

7. 当一个人用两只眼睛长时间地盯着另外一个人时，绝大多数情况都是期待着对方给予自己一个想要的答复。这个答案的内容是多种多样的，可能是一项计划的起草，可能是一份感情的承诺，不一而定。

8. 当一个人用非常友好而且坦诚的眼神看另外一个人，间或地还会眨眨眼睛，说明他对这个人的印象比较好，他很喜欢这个人，即使他犯了一些小错误，也可以给予宽容和谅解。

9. 当一个人用非常锐利的目光、冷峻的表情审视一个人的时候，有一种警告的意思。

眼睛是心灵的窗户，眼睛里隐藏着内心的诸多秘密，要在最短的时间内看透对方心理，不妨先从眼睛开始解读对方。

通过握手判断性格

行为是心理的体现，这一点还可以从手的表现上看出来。从"握手""易如反掌""袖手旁观"等字句的探讨可以发现，握手是表现人际关系最有力的情感传达工具，利用手与手的关系，或是手的动作便可易如反掌地解读出对方的心理，并且还可以不费事地将自己的意思传达给对方。

握手是一种礼节，握手是什么时候产生的呢？据说握手开始于人类仍然处于赤身裸体生活的阶段。在开始的时候，男人之间初次见面通常要用手来掩盖对方性器官表示友好。不久，这个动作逐渐演变手与手之间的行为。所以对原始人来说，握手不仅表示问候，也是表示手中未持有任何武器，是一种信赖的保证，包含着契约、发誓的观念。

握手不仅仅是一种礼节，更主要的是在握手的一瞬间有可能识破对方的性格。从这个意义上说，握手不仅仅是一种礼貌行为，而且还是传达人际信息的重要方法，因此观察握手也是"察人"的重要途径。

握手时的力量很大，甚至让对方有疼痛的感觉，这种人多是逞强而又自负的。但这种握手的方式在一定程度上又说明了握手者的内心比较真诚和煽情。同时，他们的性格也是坦率而又坚强的。

握手时显得不甚积极主动，手臂呈弯曲状态，并往自身贴近，这种人多是小心谨慎，封闭保守的。

握手时只是轻轻地一接触，握得不紧也没有力量，这种人多属于内向型人，他们时常悲观，情绪低落。

握手时显得迟疑，多是在对方伸出手以后，自己犹豫一会儿，才慢慢地把手递过去。排除掉一些特殊的情况以外，在握手时有这种表现的人，性格多内向，且缺少判断力，不够果断。

不把握手当成表示友好的一种方式，而把它看成是例行的公事，这表明此种人做事草率，缺乏足够的诚意，并不值得深交。

一个人握着另外一个人的手，握了很长的时间还没有收回，这是一种测验支配力的方法。如果其中一个人先把手抽出、收回，说明他没有另外一个人有耐力。谁能坚持到最后，谁胜算的把握就大一些。

虽然在与人接触时，把对方的手握得很紧，但只握一下就马上放开了。这样的人在与人交往中多能够很好地处理各种关系，与每个人都好像很友善，可以做到游刃有余。但这可能只是一种外表的假象，其实在内心他们是非常多疑的，他们不会轻易地相信任何一个人，即使别人是非常真诚和友好的，他们也会加倍地提防、小心。

在握手时，非常紧张，掌心有些潮湿的人，在外表上，他们的表现冷淡、漠然，非常平静，一副泰然自若的样子，但是他们的内心却是非常的不平静。只是他们懂得用各种方法，比如说语言、姿势等来掩饰自己内心的不安，避免暴露一些缺点和弱点。他们看起来是一副非常坚强的样子，所以在他人眼里，他们就是一个强人。在比较危难的时候，人们可能会把他们当成是一颗救星，但实际上，他们也非常慌乱，甚至比他人还要严重。

握手时显得没有一点力气，好像只是为了应付一件不得不做的事情而被迫去做的，他们在大多数时候并不是十分坚强，甚至是很软弱的。他们做事缺乏果断、利落的干劲和魄力，显得犹豫不决。他们希望自己能够引起他人的注意，可实际上，其他人往往在很短的时间内就会将他们忘记。

把别人的手推回去的人，他们大多都有较强的自我防御心理。他们常常感到缺少安全感，所以时刻都在做着准备，在别人还没有出击但有这方面倾向之前，自己先给予有力的回击，占据主动。他们不会轻易地让谁真正地了解自己，如果是这样，他们的不安全感更加强烈。他们之所以这样，在很大程度上是由于自卑心理在作怪。他们不会去接近别人，也不会允许别人轻易接近自己。

像虎头钳一样紧握着对方的手的人，在绝大多数时候都显得冷淡、漠然，有时甚至是残酷。他们希望自己能够征服别人、领导别人，但他们会巧妙地隐藏自己的这种想法，而是运用一些策略和技巧，在自然而然中达到自己的目的。

用双手和别人握手的人，大多是相当热情的，有时甚至热情过了火，让人觉得无法接受。他们大多不习惯于受到某种约束和限制，而喜欢自由自在，按照自己的意愿生活。他们有反传统的叛逆性格，不太注重礼仪、社交等各方面的规矩。他们在很多时候是不太拘于小节的，只要能说得过去就可以了。

名片测人心

交换名片，是彼此传达身份的一种手段。但是有的人即便在非正式的场合中，也喜欢递出名片，在公共汽车上、小吃店偶然邂逅朋友、熟人，也要拿出一张名片，甚至到酒吧喝酒时，都不忘给服务员名片。这些人为什么动不动就拿出自己的名片呢？因为他们在评价对方时，很易受对方的工作、职位或学历等所左右，由于这种心理的投射作用，也喜欢在名片上印自己喜欢的、认为别人会对他另眼相看的各式头衔。当他们拿出名片交给对方时，便判断对方一定也会把自己捧得高高在上。但事实上人们并不都是用头衔来判断一个人。

名片是一个人身份和地位的标志，透过名片能一目了然对方的工作和职位。但是，仅仅看名片上的这些内容，我们是无法洞悉其人品性如何的。因此，我们要想通过名片，看一个人的性格与心理，就必须注意名片的其他方面。

1. 喜欢在名片上用粗大字体印上自己名字的人，多表现欲望强烈，他们总是不时地强调自己，突显自己，以吸引他人注意的目光。这种人的功利心一般都是很强烈的，但在为人处世等方面却表现得相当平和和亲切，具有绅士风度。他们最擅长使用某些手段来达到自己的目的，他们的外表和内心经常会相当不一致，从表面看他们是相当随和的，但实际上，他们也有很强的个性，不容易让他人真正地靠近。他们善于隐藏自己，为人处事懂得眼力行事，更能把握分寸，使一切都恰到好处。

2. 身兼数职，头衔繁多，但是在名片上没有印上任何头衔的人，这种人大多个性较强，他们讨厌一切虚伪、虚假、不切合实际的东西。他们并不十分看重自己的身份和地位，也很少考虑他人对自己的看法，他们只喜欢按照自己的意愿去做任何一件事情，而不是被他人支配和调遣。而与此同时，他们也很少对别人指手画脚，发号施令。他们具有超乎一般人的想象力和创造力，所以经常会有所创新和突破。

3. 喜欢在名片上加亮膜，使名片具有光滑效果的人，他们在外表上看起来多显得热情、真诚和豪爽，与人相交十分亲切和善，但这可能只是他们交往中惯使的一种敷衍手段，实际上，他们虚荣心都比较强。

4. 喜欢用轻柔质感的材质制作名片的人，具有很强的审美观念。他们大多性情温和，说话文雅而浪漫，不太轻易与人发生争执。在条件允许的情况下，会尽力去原谅对方。他们比较富有同情心，会经常去帮助和照顾他人。但这一类型的人不算太坚强，意志薄弱，而且很容易招来别人的不满和批评。

5. 在名片上印有绰号和别名的人，其叛逆心理大多比较强，做事常无法与其他人合拍。他们为人处世是比较小心和谨慎的，但有时会有些神经质，常常会产生一些无端的猜疑，猜疑别人的同时也怀疑自己，这使得他们很容易产生自卑感，在遇到挫折和困难的时候，缺乏足够的信心，总是想妥协退让。从某一方面来讲，他们没有太多的责任心，并且还总会想方设法来逃避自己该负的责任。

6. 同时持有两种完全不同的名片的人，除了本职所从事的工作以外，大多都还有另外一份职业。他们的精力往往是相当充沛的，还具备一定的能力和实力，可以同时应付几件事情。他们的思维和眼光较一般人要开阔一些，能够看得更远一些，他们常会有些深谋远虑的策略和想法。他们的兴趣相对要较宽广一些，所以他们懂很多别人不懂的东西。他们的创造力是很突出的，常会有一些惊人之举。

7 在名片上附加自己家里的住址和电话的人，这样的人大多是具有较强的责任感的，否则他不会把自己家里的地址和电话印在名片上。这样，如果他不在办公室，对方一定会找到家里来，把事情解决。而与此相反的，恰恰有许多人为了逃避工作上的麻烦，而拒绝告诉他人自家的地址和电话。

8. 不分时间、地点和场合，见人就递名片的人，他们大多有十分强烈的表现欲望，他们喜欢把自己摆在一个相当显眼的位置上，让所有人都能看到。见人就发名片，正是他们这一性格淋漓尽致的表露，他们很大程度上是把自己的名片当成了宣传单在使用。这一类型的人多有勃勃的野心，但他们很少轻易表露自己的这种心思，所以在一言一行上都显得小心翼翼，但若是细心观察，还是能够把什么都看得一清二楚的。

9. 名片的质地、形状和色泽都显得相当另类的人，这一类型的人表现欲望也是相当强的，而且喜欢卖弄。他们多喜欢无拘无束，自由自在地生活，自己愿意干什么就干什么。这种人大多头脑灵活，有不错的口才，但他们习惯于独来独往，我行我素。所以除了自己的东西以外，对其他任何事物很难产生浓厚的兴趣。他们对是非善恶往往分得很清楚，并且表现出的态度也会十分鲜明，所以他们会经常招惹一些麻烦。在人与人的交往中，他们缺乏足够的协调性，人际关系并不是很好。

10. 经常若无其事地掏出一大堆别人的名片的人，他们掏名片的目的不用任何说明就非常清楚了，这是他们夸耀和显摆自己的一种方式，希望他人能够对自己另眼相看。这一类型的人自我意识多比较强，常常以自我为中心，自以为是。他们的社交能力、组织能力比较强，具有不错的口才和充沛的精力，成功的概率还是比较大的。

学会读名片，你便会在与别人深交以前，就已经对他有了初步的了解。

瞬间识破谎言

美国一名心理学家称，人是爱讲谎话的动物，而且比自己所意识到的讲得多，平均每日最少说谎25次。麻省大学社会心理学家费尔德曼认为谎言有不同层次之分，而说谎的动机可归为三大类。第一类是"正性谎言"，也就是指一些对生活造成有利影响的谎言，正如社会心理学家费尔德曼针对这类谎言解释道："懂得在适当的时候撒谎或扭曲事实，是待人接物的技巧。"第二类是"中性谎言"，这些谎言很多不受意识支配，或者说了也不会对自己或他人造成不利。第三者是"负性谎言"，这类谎言会对自己或他人造成不利。因此，我们说谎言是为了某种需要，或者有难言之隐时，人们时常隐瞒自己真正的想法，而出现口是心非、表里不一的状态。它是我们认识一个人的障碍。不过，只要我们时刻留心观察，同样可以瞬间识破谎言。

美国加利福尼亚大学心理学教授埃克曼在他的《鉴别说谎》一书中这样写道："破谎术是一门任何人都能学会的技巧。因为在撒谎期间，多数人不知不觉地泄露出大量的信息。判断真实与否，是密切注意说话者的面部、躯体、声音所发出的信号。说谎者通常是不能控制、支配、掩饰自己所有行动的。"

那究竟何谓谎言呢？让我们从各方面来举例加以说明吧！

"啊！这个小女孩很漂亮哟！"——好难看的小姑娘。

"我经常来你们这买东西，难道就不能便宜一点吗？"——实际上是第一次上门而已。

"我发誓我非常爱你"——其实，心里正在想着别的女人。

"今天晚上我值班，不能回家了，你自己吃饭吧。"——事实上是和朋友喝酒去了。

"你人很聪明，我相信，只要你肯努力，就一定会成功的。"——他已经愚蠢到不可救药的地步。

"你要是再哭的话，老虎就会把你吃掉。"——吓唬小孩。

"亲爱的！天地良心，我跟你说的可都是肺腑之言，你若不信，我就立刻……"——鬼话连篇、口是心非。

"妈妈！我去同学家了，和他们一起复习功课。"——其实是跑出去和同学溜冰去了。

……

当然，有些谎言是善意的谎话，那是必须的。它们是为了勉励、安慰别人而一定要说的。比如，对于癌症患者。生活中的谎言是无处在不在的，能清楚识别是关键。

通常说谎者的假动作有：

1. 摩擦眼睛。

人们在说谎时，往往会去摩擦眼睛以避免与人的目光接触。古语云："非礼勿视。"这种姿势表示大脑想遮住眼睛所看到的欺骗、怀疑的事物；或者是在说谎时，避免正视对方的脸。

男人通常揉得比较用力，而且如果是明显的撒谎，常常就把眼睛往别处看，通常是看地板。女人则是在眼下方轻轻地揉，为了避免对方的注视，她们常会眼睛看着天花板。

2. 触摸鼻子。

当一个人说谎后，会有一种不好的想法进入大脑，于是会下意识地指示手去遮捂嘴。但是，到了最后的关头，又害怕别人看出他在说谎。因此，只是很快地在鼻子上摸一下，马上就把手放下来。当一个人不是在说谎，那么，他触摸鼻子时，一般是要用手在鼻子上摩擦一会儿，或搔抓一下，而不是只轻轻触一下。

古人曾流传下来这样一句话："鼻子直通大脑。"认为鼻子是一种传达信号的工具。说谎时鼻子的神经末梢被刺痛。摩擦鼻子是为了缓解这种感觉。这是一种关于摩擦鼻子的说法。每个人都有自己表示不安的方式，各有特色。总之，说话时有这种姿势的人很值得怀疑。

3. 抓耳朵。

这种手势常暗示着听者没有听出谎言。抓耳朵的变化形式还包括拉耳朵，这种手势是小孩子双手掩耳动作在成人动作中的一种重现。抓耳的说谎者还会用手拉耳垂或将整个耳朵朝前弯曲在耳孔上，后一种手势也是听者表示厌烦的标志。他们比较胆小，岁数也不大，不成熟让他们在不经意间使出儿时的动作来掩饰自己的忐忑不安。

4. 掩嘴。

当有人在与你说话时，不自觉地时常出现用手护着嘴的动作。用拇指触在面颊上，将手遮住嘴的部位称作掩嘴，这是一种明显未成熟、还带孩子气的动作。也许说谎者大脑潜意识中使他不想说那些骗人的话，而导致了掩嘴这一动作。也有人假装咳嗽来掩饰其捂嘴的动作，分散自己的注意力。如果一个同你谈话的人常伴有掩嘴的手势，说明他也许正在说谎话。可当你讲话时，听者掩着嘴，也许说明听者觉得你说的话令他不满意。

有时，这种掩嘴的动作可能会出现不同的形式：用指尖轻轻触摸一下嘴唇；将手握成拳状，将嘴遮住。

5. 搔脖子。

说谎者讲话时常用写字的那只手的食指挠耳垂下方部位。研究发现，说话时用手搔脖子表示怀疑或不肯定，在搔脖子的同时常会说："我不能肯定"之类的话。这证明他对自己的讲话缺乏足够的底气；做事的时候，他们用手搔脖子，表明他们对这件事缺乏信心。

有人在股票市场观察过这样一个女股民，在作出决定前的一分钟，一直不停地用手搔脖子。这足以证明在下决心之前，她的思想斗争是多么地激烈。

专家对搔脖子的行为得出了这样一个结论：一般情况是搔脖子五次，而少于和多于五次的情况比较少见。

6. 拉衣领。

专家研究发现，当一个人说谎时，往往会引起敏感的面部和颈部组织的刺痛感，因而就必须用手来揉或搔抓。说谎的人感到对方怀疑他时，脖子似乎都会冒汗，这时他会有意识地拉一拉衣领。

说谎者除了以上几种表现外，还有其他一些表现，如：平时沉默寡言，突然变得口若悬河；不自觉地流露出惊恐的神态，但仍故做镇定；言词模棱两可，音调较高，似是而非；答非所问，或夸大其词；故意闪烁其词，口误较多；对你所怀疑的问题，过多地一味辩解，并装出很诚实地样子；精神恍惚不定，座位距你较远，目光与你接触较少，强作笑脸；对于你的讲话，点头同意的次数较少；等等。

那我们怎样才能瞬间识破说谎者的谎言呢？下面教你几种识别谎言的具体方法：

1. 要留意说谎者的惯用伎俩。

2. 要留意说谎者的惊讶表情。

3. 面部表情是不对称的。

4. 从反面识破对方。

5. 讲话中常发生口误和中断现象。

6. 以试探方法去识破对方。

7. 换位思考，站在对方的立场来分析对方。

8. 说谎者的音调会突然提高。

认识对方内心的方法，跟识破谎言者的方法在一定程度上有某种连带的关系，所以多多少少会有些重复的说法。为此，我们现在就针对"要如何去识破对方的谎话，迫使其说真话"来加以探究。

1. 使说谎者解除心中的"武装"。

试图说谎和正在说谎的人，他们的心里一定会先武装起来，就像闭得紧紧的河蚌一样，你愈急着把它打开，它反而闭得愈紧。如果你暂时不去理会它，它就会解除心中的武装，一会儿它就自然地打开了。正所谓是"欲速则不达"。所以这个时候，不要和他正面冲突，我们应该在对方有些动摇的时候，找出对方的弱点。运用循循善诱的方法使对方信赖你，让他们有一种安全感。也就是说，我们要运用技巧，使对方因为你的影响而把实话完全吐露出来。

2. 使对方反反复复地做出同样的事。

谎话只能说一次，如果经过两次、三次的重复，或多或少就会露出马脚。我们在日常生活中，常会发现这样的现象。例如，同事打电话来说：对不起，我家今天来客人了，不能去上班了，麻烦你帮我向领导请个假，谢谢！回头请你吃饭。等过了几天以后，你可以不经意地问他："前几天你为什么要请假呢？请假可是要扣全勤奖的哟！"这时他可能会说："没办法呀，我家宝宝得了急病！"由此，我们就很容易判断了，不是吗？

3. 要有效地利用证据。

迫使说谎者说出实话，最有效的方法就是拿出有效的物证，它是识破谎言最好的方法，也是最有力的武器。因为不论对方多么的巧舌如簧，只要我们有确凿的证据，他就不得不俯首承认了。

上述方法，到底运用哪一种方法比较好呢？当然，这要看对方的情况而定了。有时不能只用一种方法，必须综合运用多种方法才能收到良好的效果。

　　人一辈子都被谎言和欺骗所纠缠，上面的方法让你畅怀大笑的同时又能洞见人性的真貌、看清骗局背后的真相，从此活得明明白白，不再受骗上当！

第七章

因人而异，不同场景的回话艺术

　　日常生活中面对纷扰的问题，我们首先要保持一个良好的态度来应对，不仅要重视"答"的作用，还要注重"答"的艺术，能针对不同场合、不同对象，选用最合理、得体、自信的言语来回应对方的提问。如果你回答别人的提问时，表现出爱答不理的态度，恐怕没人愿意再与你沟通下去。

不同场合的回话原则

一天，居里夫人的一个女友到她家里做客，看见居里夫人的小女儿正在玩一枚金色奖章，那是英国皇家学会发给居里夫人的。

女友吃惊地说："夫人，现在能得到一枚英国皇家学会的金质奖章，可是极高的荣誉啊！您怎么能够将金质奖章给孩子玩呢？"

居里夫人笑了笑说："我是想让孩子从小就知道，荣誉就像玩具，只能玩玩而已，绝不能永远守着它，否则就将一事无成。"

听完这些，女友立即露出钦佩的表情。

同样的问题，在不同的场合中，有不同的回答方式，不能千篇一律。

坚持原则和自己的观点并没有错，但是用什么样的回答方式表达自己的观点，就比较考验一个人的智慧了。那么，在不同场合中，应答方式要把握哪些原则呢？

1. 话到嘴边留三分。也就是说，回答问题时，要给自己留有余地。

俗话说"打人不打脸，骂人不揭短"，尤其是在公众场合，无论大家是多么熟悉的朋友，回答对方问题时也不宜揭短，将对方陷入尴尬境地。这不仅损害对方在公众中的形象，也会降低自己的形象，而且会造成彼此间的矛盾。

2. 公共场合，言多必失。常言道"言多必失"，在公共场合回答问题时，要言简意赅，如果总是没完没了地讲，啰唆不说，言语里肯定会不自觉地暴露出许多问题，而且还会引起他人的反感。因此，在人多的场合，回答问题要尽量少说，做到掷地有声才能让别人信服。如果唠叨个没完，很容易暴露自己的弱点。

3. 正式场合，用语要得当。俗话说"关起门来可以无话不谈"，甚至说一些放肆的话，但在公共场合或者有外人在场时，回答就要讲究分寸了。也就是说，回答也要注意正式场合和非正式场合。正式场合回答时要严肃认真，事先要有所准备，不能乱答一通。回答应遵循内外有别的原则，让人觉得你是一个识大体、有修养的人，如果打破了这一界限，很容易就会成为别人指责的对象。

4. 说话语气，要把握好尺度。回答要与场合中的气氛相协调，别人办喜事的时候，千万不要说悲伤的话；在人家悲恸的时候，不要说逗乐的话。古有"一语千金"之说，也有"妙语退敌兵"之事，能说会道也是一种本领。我们要重视答的作用，还要讲究答的艺术，针对不同场合、不同对象，选用最得体、最恰当的语气来回应，才能收获最佳的效果。

如何回应上司的批评和指责

不管是什么人，也不管你是什么人的下属，都会有受到老板责骂的时候，此时，大家心里都会不舒服。但是，假如老板当面责骂你，你就怒气冲天、脸红脖子粗、冲动行事，事后你肯定会后悔。因此，当你想要发脾气时，最好在心中默想："等一等！"这句"等一等"，就是让你忍耐的意思。

无论是什么人，自己的心情不能被别人的训斥所扰乱，而要保持弹性，保持冷静，挨骂时只要低头认错就好。下属被上司斥责是必然会发生的事。但是，上司被下属反驳却是一件难堪的事。既然上司已经指责了，还是干干脆脆地认错吧！这才是下属应有的态度。

例如：小王大学毕业不到一年，现在是某公司的一名职员。

某天，领导拿着一份文件，让他传真到另一家公司的宣传部，小王照着做了。可谁知，第二天领导怒气冲冲地走进了办公室，当着众多同事的面，大声地斥责小王："你是怎么做事的？让你发传真到他们公司的宣传部，你却给发到另一家公司去了！"

小王一下子就懵了，他回忆了一下，确认领导昨天交代的的确是自己发的那家公司，他想一定是领导记错了。可是，看着领导愤怒的脸，小王没有辩解什么，而是主动承担了责任："对不起，实在对不起！都怪我办事太急躁，本想抓紧时间办好，没想到反而犯了个大错。我一定会吸取教训的，保证不会有第二次了！"

说完，他立马重新发了一份传真。几天后，小王被叫到了领导的办公室，领导诚恳地向他道了歉，说自己那天因为着急错怪了小王，并夸奖小王年纪轻轻，就明白忍辱负重。从此，小王在领导心目中的地位大大提升了。

领导也是人，也有犯错误的时候，特别是在工作中，很有可能会因为忙乱和着急而误会了你。这时，你一定要记住：千万不要当着众人的面反驳上司。因为，上司需要保持一定的威信和颜面，即便他错怪了你，你也不能当众让他下不了台。你应该暂且把责任承担下来，等上司明白过来，发现自己误会了你时，自然会为你起初的忍辱负重而感谢你。

任何人在单位任职的时间长了，都难免会受到上司的批评，但我们大可不必忧心忡忡。领导批评下属，有时候是因为发现了问题以帮助其改过；有时候是出于调整的需要，须告知受批评者不要太自以为是，或者不要把事情看得过于简单；有时候是为了"杀一儆百"，等等。只要明白了上司为什么批评你，你便会了解情况，从容应付。

下面介绍一下在受到上司批评时，应该注意的几点：

1. 要有诚恳的态度。

事实上，在受到上司批评时，最应该表现出诚恳的态度，从批评中接受、学习。因为最让上司恼怒的，就是他的话被你当作"耳旁风"。假如你对批评置若罔闻，依然我行我素，这种结果或许比当面顶撞更糟。因为这样会被看作你的眼里没有上司。

2. 员工对批评不要不服气和满腹抱怨。

在受到批评的时候，要仔细反省自己的问题，并及时纠正。批评有批评的理由，错误的批评也有其可接纳的出发点。

更何况，有些聪明的下属善于"利用"批评。也就是说，受批评才可以明白上级，接受批评才能表明自己对上司的尊重。因此，批评的对与错本身有什么关系呢？就说错误的批评吧，假如你处理得好，反而能成为有利因素。但是如果你不服气，发牢骚，那么，你这种做法造成的负效应，足以使你和领导的感情恶化，关系疏远。当领导以为你是"批评不起""批评不得"时，也就产生了相应的负面印象——认为你"用不起""提拔不得"。

3. 最忌讳当面顶撞。

不管上司批评得有无道理，都要谦虚接受。因为当面顶撞是最不明智的选择。尤其是公开场合，这不仅让你下不了台，而且也使上司下不了台，估计你离开的日子也就不远了。如果你能坦然大度地接受其批评，他会在潜意识中产生歉疚之情。

4. 切忌反复纠缠和争辩。

受到领导批评时，反复纠缠、争辩，非要弄个一清二楚，这是没有必要的。如果真的有冤情和误会的话，你可以找一两次机会解释一下，但也要点到即止。即便领导没有为你"平反"，也不要纠缠不休，因为斤斤计较的下级是很让领导厌恶的。如果你的目的只是为了不受批评，当然能够"寸理不让"。但是，一个把领导弄得筋疲力尽的人，又何谈晋升和加薪呢？

受到批评，甚至受到训斥并不是受到某种正式的处分、惩罚，它们之间是不一样的。在受到正式的处分时，你的某种权利在某种程度上会受到限制或被剥夺。如果你是冤枉的，当然应该努力地申辩和申诉，直到问题搞明白为止，从而维护自己的正当权利。然而，受批评则不同，即使是受到错误的批评，让你的情感和自尊心受到伤害，但也会收到一些有利效果。相反，一味地为了弄清楚是非曲直，反倒会让上司感到你心胸狭窄，经不起任何误会，晋升和加薪就跟你无关了。

谈判中的回话艺术

在谈判中正确的答复未必就是最好的答复，正确的答复有时可能愚蠢无比。答复的艺术在于知道什么应该说，什么不应该说，而并不在于答复内容的对错。

谈判应酬中回答问题，不是一件容易的事。因为回答问题者不但要根据对方的提问来回答，并且还要把问题尽可能地讲清楚，使提问者得到答复。而且，他对自己回答的每句话都负有责任，因为对方可能把他的回答理所当然地认为是一种承诺。这就给回答问题的人带来一定的精神负担与压力。因此，一个谈判者水平的高低在很大程度上取决于他答复问题的水平。

谈判，就其基本构成来说，是由一系列的问和答所构成的，有问必有答，"问"有问的艺术，"答"也要有答的技巧。

1. 要给自己一些思考的时间。

谈判中对提问回答的好坏，并不是看你回答的速度，特别是面对一些涉及重要既得利益的问题，必须三思而后答。此时可以借点支香烟、喝水，调整一下自己的坐姿、整理一下桌子上的资料、翻一翻笔记本等动作来延长时间，作出经过思考的回答。

2．不应随便答复。

谈判者在谈判桌上的提问动机复杂，目的多样，谈判者往往没有了解问话动机，按常规回答，结果反受其害，而每一个高明的回答，都是建立在准确判断对方用意的基础之上，并独辟蹊径，富有新意。

回答问题，要给自己留有一定的余地。在回答时，不要过早地暴露你的实力。通常可用先说明一件类似的情况，再拉回正题，或者，利用反问把重点转移。例如："是的，我猜想你会这样问，我可以给你满意的答复。不过，在我回答之前，请先允许我提一个问题。"

若是对方还不满意，可以这样回答：

"也许，你的想法很对，不过，你的理由是什么？"

"那么，你希望我怎么解释呢？"等等。

3．有些问题是不值得回答的。

谈判中，有时会涉及有损己方形象、泄密或无聊的问题，对此谈判者不必为难，不予理睬就是最好的回答，可以用无可奉告来拒绝回答。

例如在谈判中有些谈判者会提些与谈判主题无关的问题，回答这种问题显然是浪费时间。或者，对方会有意提一些容易激怒你的问题，其用意在于使你失去自制力。回答这种问题只会损害自己，因此可以一笑了之。

4．要使回答具有灵活性。

有的提问是由一种心理需要所驱使，回答就应针对其动机而来。比如，市场上只有一家卖鱼的，顾客问："这鱼多少钱一斤？"答："三块钱"，就不如答："老价钱，三块"，因为顾客的心理动机是看价钱涨了没有，然后决定买不买或买多还是买少。如果市场上有几家卖同类鱼的，顾客动机就复杂了。一是可能比较各家的价格高低，二是要看涨价了没有，另外鱼有大小和新鲜程度的差别，顾客还要看鱼是否质价相符，在这种情况下，要回答得对顾客有吸引力，考虑的因素多了些，答案也就要视情况而定。

5. 某些问题只需作局部的答复。

这主要是指某个问题包括几个方面，如果将这些方面的问题都加以回答，并不一定能够完全清楚地表明己方的立场和态度，或者在某一方面一时难以说清楚。而说不清楚还勉强去说，反而会坏事，所以不如有选择地对某些方面作出回答。

6. 有些问题可以答非所问。

从谈判技巧角度看，对不能不回答的问题采用答非所问是一种行之有效的方法。有时，对方提出的问题己方很难直接从正面回答，但又不能用拒绝回答的方式来逃避问题，这时就只能应付对方，讲一些与此问题既有关又无关的问题，东拉西扯，不着边际，看上去回答了问题，其实没有实质性内容。

7. 有时采用推卸责任的方法。

有些谈判者面对毫无准备的提问，往往不知所措，或者即使能够回答，但鉴于某些原因而不便回答的时候，通常就可采用诸如"对于这个问题，我虽没有调查过，但我曾经听说过……"等推卸责任的回答法。这些回答中，即使答案是胡说八道带有故意欺骗的性质，回答者也可以不负责任，因为答案不但没加肯定，而且是道听途说的。这种回答法对于那些为了满足虚荣心的提问者，以及自己不明确提问的目的和目标的提问者，往往能收到较好的效果。

8. 有些问题的回答可使用安慰的方法。

当问题属于公认的复杂性问题或短时间内无法回答清楚的问题，或是技术性很强，非专家讨论无法明了的问题时，有些回答往往采用安慰式。即首先肯定和赞扬提问者提问的重要性、正确性和适时性，然后话锋一转，合情合理地强调提问所涉及的问题的复杂性以及马上回答的困难程度，还可以答应以后找个专门的时间对提问进行专门的讨论等，以此换取包括提问者在内的在座者的理解与同情。

总之，谈判中的应答技巧不在于回答对方的"对"或"错"，而在于应该说什么，不应该说什么和如何说，这样才能产生最佳效应。

回答记者提问的技巧

一次，原国务院总理朱镕基视察中央电视台，电视台想获得朱镕基总理的题词，这个任务就落到了主持人敬一丹的身上。视察当天，朱镕基总理走进《焦点访谈》节目组演播室，一位编导说："在有魅力的人身上总有一个场，以前我听别人这样说过，我看您身上就有这样一个场。"

朱镕基总理笑着回应，气氛变得轻松活跃起来。敬一丹抓住这个机会，对朱总理说："总理，今天演播室里聚集在您身边的这二十几个人，只是《焦点访谈》节目组工作人员的十分之一。"

朱镕基总理说："你们这么多人啊！"

敬一丹接着说："是的，他们大多数都在外地为采访奔波，非常辛苦。他们也非常想到这里来跟您有直接交流，但是他们以工作为重，今天没能来到这里，您能不能给他们留句话？"

敬一丹的问题提得十分委婉、诚恳，并将纸和笔递给了朱总理。

朱镕基总理看了一眼敬一丹，笑着接过纸和笔，写下了"舆论监督，群众喉舌，政府镜鉴，改革尖兵"16个字。

接受采访是经常与媒体打交道的人的必修课，面对记者的提问，回答得完美与否，对个人及组织形象起着决定性作用。凡事预则立，不预则废，在回答记者提问时亦是如此。毕竟记者的问题五花八门，或敏感，或刁钻，或古怪，总是让人无从下手，如果事先没有做好充分准备，面对采访时语塞，回答不上来，那就非常尴尬了。

上面的案例中，朱总理用了16个字的题词，表明了自己对《焦点访谈》这个栏目的态度，而且观点鲜明，给予了高度赞扬，软硬适中。所谓软硬适中，就是在面对不同问题时，回答的语气软，但内容却很硬，这也是回答记者提问时必备的技巧之一。

在英国议会大厅的某一次演讲中，演讲者是保守党议员乔因森·希克斯，他在台上唾沫横飞，台下的首相丘吉尔却不时摇头。乔因森·希克斯对丘吉尔的态度十分恼火，冲着丘吉尔愤怒地说："我想提醒尊敬的先生们注意，我只是在发表自己的见解。"

丘吉尔也不慌不忙地回答说："我也想提醒尊敬的演讲者注意，我只是在摇自己的头。"

丘吉尔的回答就非常有硬度，对希克斯的话做出了强有力的回击，但是态度很软，礼貌又幽默，让对方无从回击，这就是软硬兼施的回答效果。回应是为了沟通，面对媒体，回答记者的提问，同样是为了沟通，因此无论面对记者提出什么样的问题，在心理上一定要准备充足，才能做到冷静作答，不骄不躁。

即便是提前约好记者，也要做好充足准备，以防万一。记者的职业很特殊，为了报道更加详细，可能会对某些问题打破砂锅问到底，有些问题你想逃避回答都很难，只有对记者的连环问题做好充足的准备，才能在镜头前应付自如，给媒体和大众留下好印象。接受记者采访时，必须要掌控采访时机，争取占据主动，把握好谈话的方向。

另外，在接受采访时加入一些幽默元素，也会收到意想不到的效果。

例如：

一次记者招待会上，某位领导回答一位女记者提问时说："这位小姐应该是四川人吧？提的问题都很辣。"

全场大笑，包括那位女记者。一个"辣"字，就充分说明了她提的问题的难度，这位领导接着说："辣是辣了点，可是我必须得回答，大家都等了我半天了，如果得到的只是我的含糊其词，未免扫兴，那我就太对不起记者朋友们了。现在，我就把这件事情的原委清清楚楚地讲给大家听。"

认真严肃地回答记者的提问没有问题，但如果一点表情都没有，就容易给人冷若冰霜、不近人情的感觉，通过媒介传播出去，也对回答者本身形象的塑造极其不利。因此，回答问题时，适当穿插一些轻松而幽默的题外话，不仅能活跃气氛，也会让沟通和传播的效果更好。

回答记者提问，不仅需要智慧，更需要保持良好的心态。尤其是面对媒体时，回答尖锐问题的目的，并不是要终结沟通，而是要让沟通能够在和谐的气氛中持续下去。因此，保持良好的心态才能积极面对尖锐的问题，轻松化解难题，将自己想要展现给公众的内心想法表达出来。

相对于其他类型的提问，回答记者提问难度最大。首先，记者提问的针对性较强，而且记者提出的问题，一般都是经过精心准备的；其次，记者提出的问题，往往不是单一存在的，而是一连串的问题，如果不经过缜密思考就回答，很容易落入记者的问题圈套，被记者牵着鼻子走；再次，记者提出的问题，从表面上很难看出是善意的还是恶意的，往往意识到时，已经为时已晚；最后，有的时候，记者提出问题，并不一定是要你回答，而是为了激怒你来获取不可告人的利益。

因此，回答记者提问时，我们要遵循以下4个原则：

1. 分析问题内容及目的。回答问题之前，我们要冷静分析，结合环境、事件、人员等因素，从多角度看待这个问题，给自己提出一些问题，例如："他为什么要提出这个问题？他的立场是什么？"然后认真思考，逐一给出答案，这样就能把握问题的实质。另外，对问题进行思考时，一定要注意细节。

2. 做出正确判断，并根据判断回答问题。对问题做出深入分析后，再对问题做出系统、深入的回答和评价。正所谓"言多必失"，对于不懂或者知之甚少的问题，回答尽量模糊简短，不要给出肯定的结论。

3. 面对棘手事件的提问，要阐明观点。尤其是遇到舆论关注度高，或者议论较多的事件，回答记者相关提问时，可以针对事件的未来走向和趋势做出推断和预测，也可以阐明自己的见解，提出意见。此时不回应或者逃避回答，都不是明智的选择。

4. 坚持原则。回答记者的提问最重要的原则就是坚持原则，这里的原则代表的是你的立场、你的观点，只有立场坚定，才能营造出掌控问答环节的气场，也会对提问者产生一定的威慑作用，让提问者不会随意抛出过分的问题。

有位名人曾经在做客某媒体时发飙，说出"媒体很弱智，总喜欢问动机""我拒绝回答愚蠢的问题"等言论，引得舆论一片哗然。也许当时主持人问得不够有技巧，但某人的回答显然也不智慧，不仅有失风度，也有损形象。

时代的变化，让人们随时都有可能走到聚光灯下，即便是普通人。当我们面对记者采访时，智慧很重要，而心态更重要，我们要学会调整自己的心态，无惧记者的提问，同时也要善待媒体。懂得善待记者，尊重记者的提问，那么你的善意自然也就会通过媒体传达给受众，从而形成良性互动。

夫妻间回话的艺术

一对夫妻在收工回家之后，出现了类似独幕剧的情节：

"啊，亲爱的，你回来了，今天工作忙吗？"妻子说。（表示关心并询问对方的情况）

"没什么。"丈夫回答。（不予明确回答）

"好啊，那么你帮我洗菜好吗？"（提出要求）

"我今天累极了！"（不明确予以答复，给出一个模糊的理由）

"亲爱的，今天有什么事，工作不顺利？给我讲讲好吗？"（又提出询问）

"没什么，告诉你也帮不了什么忙。"对方小声咕哝一句。（又不给予明确答复）

"待会儿有几个客人要来，我累了半天了，你帮我……"（又提出要求）

"好吧，好吧。"丈夫不耐烦地打断了妻子的话。（不想听爱人的陈述）

夫妻闷闷不乐地干起了活，客人来了，夫妻俩殷勤招待，两人都累得够呛。

客人走了，妻子面对杯盘狼藉的残局："亲爱的，帮我……"

这时丈夫终于忍不住了："帮你，帮你，你当我是机器人呀！我天天上班累得要死。晚上我还得加班干。

你把我当什么了？"这时妻子也火了："我早就问你有什么事，你不说，现在你发什么脾气？这家务活就该我一个人干？这个家就是我一个人的吗？"于是双方怒气冲天地抱怨起来。

这就是典型的无效沟通，是交流"聋哑症"。表面上看，夫妻二人每件事都说了，但是心理学的研究告诉我们：他们的沟通缺乏明确性。从上面的对话中我们可以看到，女方始终没有得到男方明确的答复。

心理学家告诉我们，及时的反馈会提高行动者的积极性，提高行动者的工作效率，并会使对方产生被重视的感觉。得不到反馈的行动呢？结果与此正好相反。

产生这种情况的原因是什么？为什么谈恋爱时的卿卿我我、心心交融，这时荡然无存，反而形成这种爱答不理的局面了呢？

谈恋爱时的卿卿我我，心心交融来源于两颗敏感的心灵。双方渴求了解，渴望交流；结婚后，以为两个人已融为一体，已经没有沟通的必要了。

其实，又有谁能完全了解自己呢，更不用说去了解别人了。生活中充满了未知数，人的心灵更是在不断地变化。只有保持一颗敏感的心灵，才不至于产生隔膜。心灵永远是生动的、变化的，婚姻并不代表心灵的融合。

另外，沟通来自两个平等的个体，双方相互尊重，相互独立，不可替代，这是良好沟通的基本条件。如果认为一方已完全从属于自己，那么自然就没有沟通的必要，正像奴隶主不会关心奴隶的心情和病痛一样。如果认为爱人从属于家庭，自己的其他事情他（她）帮不上忙，自然也不会有良好的沟通。

在多数不愉快的家庭里，正是因为忽略了这两点，才使得上述例子中不愉快的谈话层出不穷。幸运的是，这种不愉快的沟通不难弥补。如果夫妻双方在每次谈话中都致力于使每一信息都清晰而完整，经过一段时间，双方的沟通方式就会改进很多，感情也会增进许多。

有效的沟通，正是遵循着上面的原则。

妻子：亲爱的，你回来了，今天工作忙吗？

丈夫：啊，今天忙极了，我干了……晚上还得加班……

妻子：亲爱的，我真为你感到自豪。

丈夫：亲爱的，你今天怎么样？

妻子：我今天下午也忙了半天，菜还没有洗，客人待会儿要来。你能抽出时间帮我干点儿吗？

丈夫：当然可以。

妻子：太好了。待会儿客人走了，你就忙你的吧，由我来收拾。

丈夫：你真好，咱们开始干吧。

如果夫妻之间的谈话都是这样的积极主动，这样的充满尊敬和柔情，那么夫妻之间就不会有问题存在。

夫妻之间的沟通是一门学问，然而许多人显然对此还没有达到入门的级别，沟通出现问题是许多情侣感情危机的主要因素。夫妻之间的情投意合，除了眼缘之外，更加重要的就是沟通了，沟通是否顺畅，往往就体现在一问一答之间。例如：

有一天，小李的女朋友发脾气，小李就对她说："我不喜欢你发脾气，但我知道女人总有那么几天会情绪不好，你得提早告诉我。那么我就可以让你发泄一下，但不许多，一天最多20次。"

小李的女朋友听后"扑哧"一笑，顿时，所有坏情绪便一扫而光。

人与人相处时间长了之后，交流就非常容易受情绪影响，好的、坏的都有，更何况是朝夕相处的情侣或夫妻。因此，在回答对方问题的时候，要多站在对方角度思考问题，往往对方想要得到的答案完全不是问题表面呈现出来得那么简单。

1. 学会倾听。我们经常可以看到沉默的伴侣，经调查后发现，造成这样的后果通常是因为沉默的一方在语言斗争中失败了，便采取不沟通的策略。

2. 爱没有对错。许多情侣在遇到问题时，喜欢辩个对错输赢，爱情哪有什么赢家，实际上，在争输赢的过程中双方都输了，忘记了最初沟通的目的。当双方意见不合时，想想双赢的解决方法，这比无休止地争论对错，一味争输赢要好得多。

3. 避免表达负面情绪。当心中充满负面情绪时，要设法让自己平静下来，不要让情绪来主导对话，当心绪平静时，你才能传达出内心真正所想，即便一时沮丧，对方依然能够感觉到你的爱意。

4. 注意语调。即使是同样的回答，倘若用不同的语调就会产生不同的效果。例如：你撒娇地说"你这人怎么这么坏"与你生气地怒吼"你这人怎么这么坏"将是两种不同的意思。说话的声调总是能够反应人的精神和情感状态，因此情侣双方必须要知道，说话的语调和所讲的内容同样重要。

5. 用眼睛回答。相关研究证明，每天对视15分钟的家庭成员，比没有眼神交流的家庭成员对于幸福的感受度要高70%。情侣间对话要学会让自己的眼睛参与进来，表达你所有积极正面的感觉。

回答顾客问题有妙招

推销人员不仅提问需要技巧，回答顾客的问题也要讲究策略。下面介绍几种回答问题的策略：

1. 使用"是……但是"法。

在回答顾客问题时，这是一个广泛应用的方法，它非常简单，也非常有效。具体来说就是：一方面推销员表示同意顾客的意见，另一方面又解释了顾客产生意见的原因及顾客看法的方向性。

由于大多顾客在提出对商品的看法时，都是从自己的主观感受出发的，也就是说，都是带有一种情绪的，而这种方法可以稳定顾客的情绪，可以在不同顾客发生争执的情况下，委婉地提出顾客的看法是错误的。当顾客对商品产生了误解时，这种方法是有效的。请看下面例子：

> 顾客："我一直想买一株紫罗兰，但是我又听说要使紫罗兰开花是非常困难的，我的朋友就从来没有看到他的紫罗兰开过花。"
>
> 推销员："是的，您说得对，很多人的紫罗兰是开不了花，但是，如果您按照生长说明要求的去做，它肯定会开花的。这个说明书将告诉您怎样照顾紫罗兰，请按照上面的要求精心管理，如果它开不了花，还可以退回商店。"

你看，这个推销员用一个"是"对顾客的话表示赞同；用"但是"解释了紫罗兰不开花的原因，打消了顾客的顾虑，使顾客以更浓厚的兴趣倾听推销员的介绍。

2. 使用"直接否定法"。

当顾客的问题来自不真实的信息或误解时，可以使用直接否定法。然而，这是回答顾客问题时最不高明的方法，等于告诉顾客他的看法是错误的，是对顾客所提意见的直接驳斥。

因此，这种方法只有在适当的时候才可以使用，请看下面的例子：

顾客："为什么这把锯的手柄要用塑料的而不用金属的呢？看来是为了降低成本。"

推销员："我明白您说的意思，但是，改用塑料手柄绝不是为了降低成本。您看，这种塑料是很坚硬的，而且它和金属的一样安全可靠。许多人都非常喜欢这种式样的。"

试想，假如推销员说："您是从哪里听说的？"顾客可能会感到生气和愤怒。但是，推销员用同情的语气予以解释，情况就大不相同了。顾客对"直接否定"法的反应更大程度上取决你怎样使用这种方法。

3. 使用"高视角、全方位法"。

顾客可能提出商品某个方面的缺点，推销员则可以强调商品的突出优点，以弱化顾客提出的缺点。当顾客提出的问题基于事实根据时，可以采取此法。

请看下面的例子：

推销员："这种沙发是用漂亮的纤维织物制成的，坐在上面感觉很柔软。"

顾客："是很柔软，但是这种材料很容易脏。"

推销员："我知道你为什么这样想，其实你说的是几年前的情况了，现在的纤维织物都经过了防污处理，而且还具有防潮性能。假如沙发弄脏了，污垢是很容易除去的。"

4. 使用"自食其果法"。

当顾客提出商品本身存在的问题时，可以用这种方法把销售的阻力变成购买的动力。采用这种方法，实际上是把顾客提出的缺点转化成优点，并且作为他购买的理由。请看下面的例子：

顾客："这种洗衣机质量很好，就是价格太贵了。"

推销员："这种洗衣机的设计是从耐用、寿命长考虑的，可以使用多年不用修理。别的牌子虽然便宜一点，但维修的费用很高，比较起来还是买这种洗衣机合算。"

顾客对商品提出的缺点成为他购买商品的理由——这就是自食其果。请记住这样一个信条：一家商店、一家公司都要有信心，要相信自己能够战胜对手，这一点非常重要，无论怎样强调都不过分。

5. 使用"介绍第三者体会法"。

这种方法是利用使用过商品的顾客给本店来的感谢信来说服顾客的一种方法。一般说来，人们都愿意听取旁观者的意见。所以，那些感谢信、褒扬商品的来信等，是推销商品的活教材。请看例子：

顾客："这个车库的门我怎么也安不好。"

推销员："我理解您的心情，几个星期前哈得森博士也买了一个类似的门，开始也担心安不好，可是前几天我收到她的一封信，她说只要按说明书的要求做，安装非常容易。请您先看看说明书，我去拿哈得森的信来。"

6. 使用"结束销售法"。

在整个销售过程中，要抓住每一个可能结束销售的机会。假如顾客的问题是一个购买信号，就正面回答顾客，然后结束销售。当顾客对商品提出的问题或表示的意见是同他占有的商品相联系的时候，这就是顾客准备购买的一个信号，在回答顾客的问题之后，就可以结束销售。比如一个顾客正打量一套衣服。

顾客："我很喜欢这套衣服，但是裤子太肥了，上衣的袖子也长了点。"

推销员："不要紧，我们有经验丰富的裁剪师，稍微修一下，就会很合身的。让我叫裁剪师来。"

演讲中的"反弹"回话术

在演讲过程中，经常会遇到一些恶意的或非恶意地打断演讲的突发状况，面对这种状况，我们可以利用言语交际中的"反弹术"来回应。

所谓反弹术，是一种说话技巧，即指对对方提出的问题，由于某种原因，不便、不能或不愿做直接回答，于是采用以问作答的形式将问题反弹给对方。这种答话技巧其实是将对方的难题再还给对方，使自己由被动变为主动。它常常可以令对方处于尴尬的境地，使对方自作自受，产生"圣人所非与熙也，寡人反取病焉"（《晏子春秋》）的感想。

1. 当别人打探你的隐私时该怎样说？

隐私本是一个人内心深处不愿被别人知道的秘密，但是在人际交往中，有些人总是会有意或无意地触及别人的隐私。不管问的人动机如何，一旦被问的人回答不好，很有可能会产生一些不良的后果。那么当你面对被问及隐私时该怎样回答呢？

下面的几种方法不妨一试。

（1）答非所问。

　　菲律宾前总统科拉松·阿基诺，在出席一次记者招待会时，记者问她有多少件旗袍礼服，科拉松·阿基诺不假思索地回答："我所有的旗袍礼服，都是第一流服装设计师奥吉立·德罗为我设计的。你知道吗？她经常向我提供最新流行的服装样式。"

别人问数量，她却回答是谁设计的，这样回答明显属文不对题，然而，那位记者却知趣不再追问了。

（2）似是而非。

似是而非的回答往往让那些爱探听隐私的人无功而返，它的奇妙之处就在于听上去你像是在回答对方的问题，但其实并不是对方想要的答案。

（3）绕圈子。

不给出一个明确的答案，只是原地绕圈，迷惑提问者，例如，听众要是问演讲者"你体重多少"，演讲者可以回答"比去年轻了一点"。也就是回答听众一个不确定的答案。

（4）否定问题。

著名影星、孙悟空的扮演者六小龄童，在一次记者招待会上被记者问到："当初谈恋爱，你和于虹谁追的谁？"六小龄童回答："到底谁追谁，有什么重要？我们都没有想过要'追'对方，因为不是在赛跑，一个在前一个在后，我们是夜色中的两颗星星，彼此对望了几个世纪，向对方眨着眼睛，传递着情意。终于有一天，天旋地转，我们就像磁石的两极碰到一起，吸在一起了。"

六小龄童根本就没有回答对方的问题，而是一开始就否定了对方问题的前提，即认为两人谈恋爱不一定是一方主动追另一方，随后便对两人的爱情做了一个浪漫、精彩的比喻。这样既回答了记者的提问，又没有透露自己的隐私。生活中，有人打听隐私的时候，这不失为一个好办法，从一开始就否定对方的问题，自然也就不用按照他的提问来回答了。

（5）直言相告。

有时候，对方打听你的隐私时，你可以开门见山，指出对方问话的不当，直接表达自己的不满。

2. 当别人提出不便当众回答的问题时该怎样说？

当众回答某些难以回答的问题确实要顶着巨大的心理压力。因为严词拒绝回答问题将有失风度，但照实回答也是不可以的。面对这种难以选择的境地，可以通过下述方法顺利解决。

（1）反踢皮球，把难题还给对方。

有时，提问者的问题一两句话是难以说清楚的。如果顺着这个思路去回答，势必陷入尴尬的境地。这时，可以巧妙地转移话题，把难题转移到对方头上去，自己就占据了主动地位。

（2）暂退一步，换位思考。

1956年在苏联共产党第二十次代表大会上，赫鲁晓夫作了"秘密报告"，揭露、批评了斯大林肃反扩大化等一系列错误，引起苏联及世界各国的强烈反响。大家议论纷纷。

由于赫鲁晓夫曾经是斯大林非常信任和器重的人，很多苏联人都怀有疑问：既然你早就认识到了斯大林的错误，那么你为什么早先没有提过不同意见？你当时干什么去了？你有没有参加这些错误行动？

有一次，在党的代表大会上，赫鲁晓夫再次批判斯大林的错误。这时，有人从听众席递来一张条子，赫鲁晓夫打开一看，上面写着："那时候你在哪里？"

这是一个不便直接回答的尖锐问题，赫鲁晓夫的脸上很难堪。他不想回答但又不能回避这个问题，更无法隐瞒这张条子。这样会使他更丢面子，让人觉得他没有勇气面对现实。他也知道，许多人有着同样的问题。更何况，这会儿台下成千双眼睛已盯着他手里的那张纸，等着他念出来。

赫鲁晓夫沉思了片刻，拿起条子，通过扩音器大声念了一遍条子的内容。然后望着台下，大声喊道："谁写的这张条子，请你马上从座位上站起来，走上台。"

没有人站起来，所有的人都吓得心怦怦地跳，不知赫鲁晓夫要干什么。

赫鲁晓夫又重复了一遍他的话，请写条子的人站出来。

全场仍死一般的沉寂，大家都等着赫鲁晓夫的爆发。

几分钟过去了，赫鲁晓夫平静地说："好吧，我告诉你，我当时就坐在你现在的那个地方。"

面对当众提出的尖锐问题，赫鲁晓夫不能不讲真话。但是，如果他直接承认"当时我没有胆量批评斯大林"，势必会大大伤了自己面子，也不合一个有权威的领导人的身份。于是，赫鲁晓夫巧妙地即席创造出一个场面，借这个众人皆知其含义的场景来婉转、含蓄地隐喻出自己的答案。这种回答既不失自己的威望，也不让听众觉得他在文过饰非。同时，赫鲁晓夫营造的这个场景还让所有在场者感到他非常幽默，平易近人。

当不便回答的问题被提出时，往往是双方都觉得对方的言行不合适，这时，如果采取退一步思考问题的策略，把角色"互换"一下，就能够很顺利地继续交谈下去。

3. 面对无理要求时如何说？

面对无理要求时，盲目答应当然不行，但是一概地严厉拒绝，也非最佳解决问题之道，下面的两种解决方式可以使你既能拒绝对方，又能不惹恼他，是处理这种难题的首选。

（1）略地攻心，让对方主动放弃。

对于比较感性的提问者，用理性的分析难以打消他们提问的热情时，可以用攻心的策略，先用一句恭维的话，从感情上让他产生共鸣，以达到拒人于无形之中。

（2）用"类比"反驳对方。

有时听众提出的问题可能合情理但是演讲者却没有办法解释，这种情况下，可以寻找相似的例子，通过相似例子的解决方法来说服听众。

4. 面对过分的玩笑你该如何应对？

玩笑开得过分时，气氛往往会变得比较尴尬或紧张，这种情况下，很多人还是希望能保持住自己说话的风度。那么，该如何应对这种过分的玩笑呢？你可以选择下面的方法作为参考，以便顺利走出困局。

（1）借题发挥。

某业余大学中文班开学第一天开了个座谈会。首先，学员们一个个作自我介绍。当轮到来自农村的牛力时，他刚说了句："我姓牛，来自乡下……"不知谁小声说了句："瞧，乡下小牛进城喝咖啡了！"一下子，许多人都笑起来了。牛力先是一愣，但很快就镇定下来，说道："是的，我是来自乡下的小牛。不过，我进城是来'啃'知识的，以便回乡下耕耘。我'吃的是草，挤出来的是奶和血'。我愿永远做家乡的'孺子牛'！"

话音刚落，大家热烈地鼓起了掌，为牛力精彩的讲话喝彩。

牛力用自己的机敏，顺着那位同学过分的玩笑话，引用鲁迅的名言。不但摆脱了尴尬的场面，而且表明了自己做人的准则，为自己赢得了喝彩。

当有人对你开带有一定侮辱性质的玩笑，但又不是恶意刁难你的时候，如果你能顺着对方的话再借题发挥一番，反而把他的话变成你用来夸奖自己的话，可谓是一种最机智的选择。

这样既能避免自己的难堪，又不至于把关系弄僵。

（2）诱敌上钩。

当有人纯属恶意地开你的玩笑时，你当然需要毫不客气地回敬，诱敌上钩就是其中的一种技巧。你要不紧不慢地诱惑对方进入你语言的圈套，在适当的时候，就反戈一击，让对方自取其辱。

（3）反唇相讥。

生活中一些尴尬的局面，完全是由于别人不敬的玩笑引起，如果你隐忍退让，只会被人看扁；如果针锋相对，又会把事情搞僵。这时不妨采用反唇相讥的办法，把对方开自己玩笑的话用到他身上去，从而为自己争取主动。

5. 圆场的话该怎样说？

在剑拔弩张的情况下，怎样说才能让气氛缓和下来，这确实是个难题。我们不妨学一下以下几个技巧，使圆场的话变得不再难说。

（1）化分歧为两面，让双方都满意。

有时候，争执双方的观点明显不一致，而且也不能"和稀泥"，这时，如果你能把双方的分歧点分解为事物的两个方面，让分歧在各自的方面都显得正确，这不失为一个较好的办法。

（2）善意谎言，营造轻松氛围。

在交际中，有些人不合时宜地开玩笑，撞在别人的枪口上，免不了尴尬。为了缓解这种局面，我们可以善意地撒点小谎，为对方的玩笑话添加特定的背景资料，从而将玩笑从有利于气氛缓和的角度去解释。最好加上一点幽默的调料或者结合当时的场景说话，为大家营造出轻松的氛围，从而将话题引开。

（3）旁逸斜出，顺着对方的心意。

当双方因为其中一个做错了事而情绪紧张时，把事情往好的方向解释，顺着对方的心意，往往就能化解紧张的气氛。

面试时的回话技巧

"夏雨晴，你的名字很漂亮啊！"

面试官夸奖应聘者的名字，有两个原因：一是发自内心地赞美，二是希望能够在面试开始之前制造一种轻松和谐的气氛。尤其是应聘者名字较为特别时，很容易出现这种情况。

回答1："是吗，谢谢！这个名字比较符合我的性格，雨是比较温柔的，晴是比较热烈的，因此，我觉得我的个性既有顺从的一面，也有比较热烈积极的一面。"

这种回答是非常普遍的一种错误典型，虽然听起来很美，却完全不真实。没有人能在刚出生时就知道自己的性格，妈妈也一样不知道自己刚出生的宝宝的性格是温柔还是热烈。这种回答表现出应聘者太急于表现自己的优点，却违反了真诚沟通的原则，会让面试官产生反感。

　　回答2："谢谢！我妈跟我说，她年轻的时候比较喜欢文学，总是想追求一种阳春白雪的感觉，有点'小资'，于是就给我起了雨晴这个名字。其实，我可是有一点'名不符实'，雨晴虽然听起来很温柔婉约，我倒是比较偏向男孩子的性格。"

　　这个回答既轻松幽默地讲了自己名字的来历，又暗示了自己积极的性格，为沟通开了个好头，也容易给面试官留下积极有活力的好印象。

　　面试中提出的每一个问题对你来说都是一个特别好的机会，比如解释你为何是这个职位最佳的人选。你一定要突出你的优点，避免因回答不准确而错失机会，也就是说你需要认真、全方位地考虑面试回应方法。下面简明地介绍一下面试官们在面试时经常会问的几个问题及回答技巧。

　　（1）请谈谈你个人的最大优点。

　　面对这个提问时，多数人的回答都很片面，有的人说"我人缘特别好，连续三年担任××会委员"；有的说"我特别守时，工作以来，我没有一次迟到过"；还有的说"我的个性很随性，是大家公认的好好先生（小姐）"……下面这位应聘者的回答就很完美："我的坚持度特别高，事情没有达到一个令人满意的结果，我就绝对不会放弃。"

以上几个人的回答虽然全部表现出了应聘者个性上的特色，但只有最后一位应聘者的答复最能和工作相匹配。只有可以与工作相匹配的优点、特质，才是面试官相对有兴趣的回答。

（2）你为何想离开之前的公司（职务）？

面对面试官这样的问题，应聘者在回答时应多想想，否则，你可能就会因回答不够好而被淘汰掉。以下是几位应聘者的回答：

李四说："加薪的结果让我特别失望，完全与我的付出不成正比。"赵某说："公司营运状态不佳，员工全都人心惶惶。"而最后被录取的小张是这样说的："老板不愿授权，工作处处受限制，绑手绑脚，很难做事。"小张的答复，可以彰显应聘者的企图心、能力强，而且希望被赋予更多的职责。其实，赵某的答复虽然是因为个人无法改变的客观因素而离开岗位，但面试官不会因此认为你的工作能力强，相反会让人有种不能与公司患难与共的认知。

（3）你最大的成功之处是什么，为什么？

面试官问这样的问题是在考验应聘者的价值观，应聘者回答时要表露出自己的判断标准和推崇的观点。

刚刚进入社会的毕业生一般会这样说："在校时学业虽然很重，我依然特别出色地完成了。我非常得意的是能在上学时还可以外出做份兼职。"

表面上看起来这样回答似乎还可以，也许很多人曾做过类似的回答，可是它缺乏有价值的内容。首先，这种答复没有一点特别的地方；其次，回答太空泛，应该找到自己经历中的亮点作为事例讲给面试官听。即使你没有得过奖学金，也没担任过什么职务，也没有组织过什么活动，你一定也有自己的亮点。例如说：我认为大学四年我最大的收获是结交了很多特别好的朋友，建立了特别好的人脉。

（4）你找工作时，最主要的考虑因素是什么？

大多数人找工作时，不是过多强调该单位在行业中的地位、自己的兴趣和今后的发展前途，就是只强调在公司的福利待遇。其实，招聘者真正要找的是工作表现好、可以真正有贡献的员工，而不是纯粹慕名、求利而来的员工。所以，有的人答复"公司的远景及产品竞争力""公司对于员工生涯规划的重视及人性化的管理""合理的待遇及主管的管理风格"，就不是很适合。相对合理的答复是"工作的性质是不是能让我发挥所长，并不断成长"。虽然不存在完全正确的答复，但是回答问题时要尽量全面、详尽。

（5）你为什么想进这家公司？

可能你只是撒大网捞大鱼地寻找到一份工作，但你绝对不可能如此说明，应该顺着提问者的想法。谈谈这个公司对你的吸引力，你可以从行业的前途谈起，之后说这个公司在行业中做得特别成功，等等。比如，如果是IT行业的公司，怎样的有吸引力；是世界有名的公司，如何有实力；是民营企业，特别欣赏民营企业创业的环境之类。但只是这样回答自然是不够的，因为这个问题本身就是一个陷阱，应聘者不应该仅仅回答这些，用人单位也并不会仅仅因为你对公司感兴趣就启用你，而是因为你匹配你所应征的职位，这样的职位需要你的能力。

所以，在这个基础上还应该多多地去表现自己。总而言之。要依据具体状况尽量给面试官一个满意的答复。

（6）你觉得自己在怎样的条件下工作最有效？

这个问题考察的是应聘者对工作条件的需求。面试官可以从中得到面试者的工作方式、影响工作效率的因素之类的信息，还可以了解应聘者的缺点在哪里。

假如回答："无论在什么条件下，我依然会努力把工作做得最好。"这样回答并不特别合适，至少有喊口号的嫌疑，感觉不够成熟。相对管理者和做人事工作的面试官来讲，他很清楚任何一个员工在工作中都会有产生情绪的时候。他希望了解的是你的期望值和公司所能提供的外在环境的差异以及你对不满意的工作环境的承受能力。假如你对作风强横并且听不进下属意见的上司不能忍受（假如你正是因为这个原因辞职），不妨举例明白地说，免得在得到了这份工作后竟然发现面对的正是这类型的上司，那就不是你本意了，为了对自己负责，你可以具体聊聊你期望的工作条件。自然，从其他角度说，大多数的面试官都不肯承认自己的公司存在着这样的管理者。

（7）能否简述你的个人职业生涯规划？

这个问题在很大程度上是考察你的职业稳定度。没有一家公司愿意招聘流动性很大的员工。即使跳槽流动，更多的时候并非你的本意，但在回答这个问题时一定不要表露出只要学到知识就离开的想法，而应表现出你踏实的一方面，简短描述你对未来职业生涯的规划。

相对于大学毕业生来说，则是两方面的信息：一方面看你是否有基层工作的心理准备，因为没有一家用人单位不希望毕业生从基层工作做起；二是考察其对自我的认知，是否在短期内会有出国或者考研之类的打算，也就是在考查其工作的稳定性。

（8）你对薪水的期望值怎么样？

相对于刚毕业的学生来说，在面试中谈薪酬是个大忌。一般在大公司看来，没有经验的大学生没有资格谈薪水。何况新人的起薪都一样，就算你讲，人家也不会给你加薪，相反，只会招致其反感。即便对方问你对薪水的期望。你也应该谨慎应对，可以先说明作为应届毕业生，你最重要的是想锻炼能力和得到发展的机会，薪酬并不太重要。或者干脆用"我确定公司会承认我的工作价值"这些话搪塞过去。如果面试官一定让你说一个具体数目才行，你可以笼统地说一个在一定区间内的年薪，你最好能事先调查到这一职位在人才市场上的一般薪酬水平，假如可以得知所应征公司这个职位的一般薪酬水平更好，之后说一个比这个数目稍高一点的薪酬水平就可以了。

对于跳槽的人士来说，大都是期望比之前的工资要高或者至少持平，因而就不需要避开这个话题了，你可以依据自身的条件说出你的一个期望值。

（9）你对于我们公司（或这个职位）有怎样的了解？

你应该有充足的准备来回答这个问题。参加面试前应从网络、媒体等各种各样的渠道尽量多地了解这家公司，还有这个行业的情况，避免说外行话，一定要让面试官能够看出你认真的程度和对这一次面试的重视程度。比如，有的人这样回复："贵公司在去年长达八个月的时间，都高居股王的宝座。""贵公司连续三年被××杂志评为'求职者最希望进入的企业'的首名。"或者干脆回答："不是特别清楚，能否请您做些介绍。"以上这些回答都不是很合理，道理特别简单，面试官希望求职者对自己申请的工作有真正的了解，而不仅仅是慕名而来。假如你这样说："贵公司有意更改策略，加大与国外大厂的OEM合作，将自有品牌的部分透过海外经销商予以销售。"这样，面试通过的概率就特别大了。

（10）大学的时候，你的室友一般是一些怎样的人？

这个问题着重点在考察你处理人际关系的能力。有的毕业生会在无意间流露出对他人的一些反感和抱怨，这样会给面试官一个不好的印象，他们也会据此判断为你没有很好的合作能力，而这一点恰巧是全部的用人单位都特别重视的。

（11）聊聊你的家庭。

健康的心理和人格与和睦的家庭有密切的关系，并且家庭的和睦相处、关系融洽也能展现出一个人的健全人格，以及关心他人、与他人相处的能力。同时，一个和亲人关系不好的人可能在工作之中会有很多心理上的压力。

（12）为何我们要录取你？

面对这个问题时，你怎样让对方看到你的长处？仅凭借口，是不容易让他人相信的。因此，从履历表内容或者之前的答复内容中，假如能以客观数字、具体的工作成果来加以说明，是最理想的答案。

比如，以下几种回答都是不行的："因为我深信我比其他人都优秀。""因为我的事业心特别强，希望与贵公司共同成长。""我在这个行业耕耘了八年，充足的人脉是我最大的资产。"

相对理想的回答是："您能从我过去的工作所展现的客观数据，轻而易举地了解我全力以赴的工作态度。"这样，你就能用事实来提升面试官对你的信服度。

（13）是否去其他公司应聘？

假如被问到这样一个问题，那就应该祝贺你了。这个问题可能是在考察应聘者是不是诚实，或者是用人单位已经有想录用你的想法，而在考察你的职业意向和对公司的兴趣。对这一问题你应该诚实回答，并讲明原因，假如确实想进入这一家公司，也需要确切地表达出来。

（14）此刻你可以向我提问关于公司的所有问题。

在这个时候，不要谈到薪资问题。假如你对这家公司非常有兴趣，此时一定要准备一些问题，显现出你对这个公司、这个职位的兴趣和关心。比如：在公司里一般新员工要学些什么？可能遇到哪些困难？在公司里，这个职位的详细的工作、以后的发展方向、自己的发展机会怎么样？公司与另一家公司（竞争对手）比较，有哪些优势与劣势？能否简单介绍一下公司文化？对这个职位上的应征者的具体要求是什么？自己下次何时能获得进一步的消息？自己能否打电话询问相关情况？等等。自然，如果你很有信心、能颇有见地提出尖锐的问题，也能让面试你的老板发现你与其他人不一样的独特思想。